BESTACTIVITYBOOKS.COM

Copyright © 2022 LINGUAS CLASSICS

PRIMA EDIZIONE 2022

Illustrazione Grafica Extra: www.freepik.com
Grazie a Alekksall, Starline, Pch.vector, Rawpixel.com, Vectorpocket, Dgim-studio, Upklyak, Macrovector, Stockgiu, Pikisuperstar & Freepik.com Designers

Scoprire i Giochi Gratuiti Online

Disponibile Qui:

BestActivityBooks.com/FREEGAMES

5 CONSIGLI PER INIZIARE

1) COME RISOLVERE LE PAROLE INTRECCIATTE

I puzzle hanno un formato classico:

- Le parole sono nascoste senza spazi o trattini,...
- Orientamento: Le parole possono essere scritte in avanti, indietro, verso l'alto, verso il basso o in diagonale (possono essere invertite).
- Le parole possono sovrapporsi o intersecarsi.

2) APPRENDIMENTO ATTIVO

Accanto ad ogni parola c'è uno spazio per scrivere la traduzione. Per incoraggiare l'apprendimento attivo, un **DIZIONARIO** alla fine di questa edizione vi permetterà di controllare e ampliare le vostre conoscenze. Cerca e scrivi le traduzioni, trovale nel puzzle e aggiungile al tuo vocabolario!

3) SEGNARE LE PAROLE

Puoi inventare il tuo sistema di segni. Forse ne usi già uno? Per esempio, puoi segnare le parole difficili da trovare con una croce, le parole preferite con una stella, le parole nuove con un triangolo, le parole rare con un diamante, e così via.

4) STRUTTURARE L'APPRENDIMENTO

Questa edizione offre un **TACCUINO** alla fine del libro. In vacanza, in viaggio o a casa, puoi organizzare facilmente le tue nuove conoscenze senza bisogno di un secondo quaderno!

5) AVETE FINITO TUTTE LE GRIGLIE?

Nelle ultime pagine di questo libro, nella sezione della **SFIDA FINALE**, troverete un gioco gratuito!

Facile e veloce! Dai un'occhiata alla nostra collezione di libri di attività per il tuo prossimo momento di divertimento e **apprendimento,** a portata di clic!

Trova la tua prossima sfida su:

BestActivityBooks.com/MioProssimoLibro

Ai vostri posti, pronti...Via!

Sapevi che ci sono circa 7.000 lingue diverse nel mondo? Le parole sono preziose.

Amiamo le lingue e abbiamo lavorato duramente per creare libri di altissima qualità. I nostri ingredienti?

Una selezione di argomenti adatti all'apprendimento, tre buone porzioni di intrattenimento, una cucchiaiata di parole difficili e una spolverata di parole rare. Li serviamo con amore e entusiasmo in modo che tu possa risolvere i migliori giochi di parole e divertirti imparando!

La vostra opinione è essenziale. Puoi partecipare attivamente al successo di questo libro lasciandoci un commento. Ci piacerebbe sapere cosa ti è piaciuto di più di questa edizione.

Ecco un link veloce alla pagina dell'ordine:

BestBooksActivity.com/Recensione50

Grazie per il vostro aiuto e buon divertimento!

Tutta la squadra

1 - Salute e Benessere #2

```
B R G N T P R E H R A N A P
A O O L E T R M B U K A S R
J N L G Ž O K S V U I D J E
I N A N Ž A S A M T M A B
C V T T I R K A R J E P T A
A S P A O Š L H D I N A A V
R N N J Q M N U Z R E B K A
D U K I N M I I H O G B H S
I Q H G A L K J C L O O I T
H Z B R Y P Y P A A K L G S
E D I E T A E R J K U E I P
D N I N I M A T I V Ž Z E I
Y Y I E Q S P K I K B E N E
A L E R G I J A N T A N A H
```

ALERGIJA

ANATOMIJA

APETIT

KALORIJ

TELO

DIETA

PREBAVA

DEHIDRACIJA

ENERGIJA

GENETIKA

HIGIENA

OKUŽBA

BOLEZEN

MASAŽA

PREHRANA

BOLNIŠNICA

TEŽA

KRI

ZDRAV

VITAMIN

2 - Aggettivi #2

```
P  O  N  O  S  E  N  E  Z  I  N  Č  A  L
M  Y  P  V  F  L  L  U  N  N  H  G  B  I
T  V  W  A  F  W  F  U  W  V  P  K  T  R
B  Q  V  R  A  E  L  E  G  A  N  T  N  O
S  L  A  D  K  O  O  S  N  R  E  A  I  H
S  Z  I  Z  B  N  D  U  O  A  V  B  L  I
D  P  H  O  J  S  G  H  V  N  A  C  P  S
M  Z  D  M  C  I  O  A  O  O  L  F  B  B
C  O  W  O  L  P  V  J  O  R  S  C  Y  N
G  P  Č  F  T  O  O  V  I  M  I  N  A  Z
Q  S  F  N  Q  B  R  G  U  A  K  B  T  E
J  E  D  S  O  F  E  N  I  L  J  E  G  Z
Č  I  S  T  A  R  N  B  B  N  T  S  O  F
K  R  E  A  T  I  V  N  O  O  V  K  C  F
```

LAČNI	NARAVNI
SUHA	NORMALNO
KREATIVNO	NOVO
OPISNO	PONOSEN
SLADKO	ČISTA
ELEGANTNO	ODGOVOREN
SLAVEN	SLAN
MOČNO	ZDRAV
ZANIMIVO	

3 - Ingegneria

```
M  N  W  R  W  J  T  J  I  D  I  Z  E  L
P  E  Y  O  S  N  V  P  Z  H  R  G  K  N
L  U  R  T  L  I  L  R  R  K  O  L  H  M
I  G  S  I  Z  W  M  E  A  A  T  O  K  M
U  A  W  K  T  H  O  M  Č  I  A  B  F  O
D  N  H  N  R  E  Č  E  U  V  C  I  B  T
Z  I  L  O  Q  G  V  R  N  D  I  N  H  O
P  Č  A  J  I  G  R  E  N  E  J  A  E  R
I  O  O  G  R  P  G  A  H  Z  A  O  S  U
B  K  M  J  R  I  B  A  D  N  B  M  J  I
Q  E  Y  E  Y  A  L  H  P  N  O  G  O  P
G  T  U  J  P  M  M  R  Q  Y  J  S  R  U
S  T  A  B  I  L  N  O  S  T  U  A  T  P
Z  O  B  N  I  K  I  B  R  A  S  Q  S  T
```

KOT	ZOBNIKI
OS	TEKOČINA
IZRAČUN	STROJ
GRADNJA	MERITEV
DIAGRAM	MOTOR
PREMER	GLOBINA
DIZEL	POGON
ENERGIJA	ROTACIJA
MOČ	STABILNOST

4 - Archeologia

```
A P K E P R A Q E C C P T Z
N O O K R B W A B U Q I E Q
T T S I O N E Z N A N O M G
I O T P F I L I B A Z O P P
K M I A E A J I V K I L E R
A E Q L S A N A L I Z A L E
T C T S O N V I R K S A J D
E R A U R K Q V L N L O L M
L C I V I L I Z A C I J A E
I S T R O K O V N J A K N T
S G R O B N I C A I L U P I
O V R E D N O T E N J E T F
F R A Z I S K O V A L E C A
A F D R K A H G C S L I G Z
```

ANALIZA
LET
ANTIKA
CIVILIZACIJA
POZABILI
POTOMEC
ERA
STROKOVNJAK
FOSIL
SKRIVNOST

PREDMETI
KOSTI
PROFESOR
RELIKVIJA
RAZISKOVALEC
NEZNANO
EKIPA
TEMPELJ
GROBNICA
VREDNOTENJE

5 - Salute e Benessere #1

```
Y  N  O  L  H  O  L  I  V  A  R  D  Z  Z
M  L  V  I  Š  I  N  A  I  K  J  R  D  D
W  E  I  A  K  T  I  V  N  O  E  Ž  R  R
P  K  T  T  V  Ž  I  V  C  I  C  A  A  A
N  A  D  B  E  R  N  G  M  Q  H  G  V  V
E  R  B  F  T  R  E  A  Ž  O  K  H  L  N
K  N  M  G  I  V  A  F  V  T  O  Q  J  I
L  A  F  W  T  K  F  P  L  A  B  A  E  K
I  Q  T  H  S  M  P  V  I  E  D  P  N  A
N  H  W  M  O  L  Z  I  U  J  K  A  J  M
I  R  S  U  R  I  V  K  K  O  A  S  E  L
K  U  K  Y  P  B  A  K  T  E  R  I  J  E
A  H  Z  R  S  H  O  R  M  O  N  I  S  U
M  I  Š  I  C  E  L  A  K  O  T  A  C  B
```

NAVADA	MIŠICE
VIŠINA	ŽIVCI
AKTIVNO	HORMONI
BAKTERIJE	KOŽA
KLINIKA	DRŽA
LAKOTA	REFLEKS
LEKARNA	SPROSTITEV
ZLOM	TERAPIJA
ZDRAVILO	ZDRAVLJENJE
ZDRAVNIK	VIRUS

6 - Aggettivi #1

```
D  B  N  K  N  E  Z  O  I  C  I  B  M  A
H  O  C  Q  N  T  Z  N  D  O  G  U  G  Y
P  Z  L  A  E  E  U  M  E  J  V  F  R  U
V  E  E  G  S  Ž  E  O  N  V  I  T  K  A
E  A  K  B  A  K  D  R  T  E  O  F  F  W
L  R  S  V  Č  A  M  G  I  M  R  R  T  F
I  O  O  A  O  Y  G  O  Č  W  M  K  E  I
K  M  T  A  P  V  K  E  N  A  T  R  S  S
O  A  I  O  N  T  U  L  O  S  B  A  G  I
D  T  Č  N  L  U  M  E  T  N  I  Š  K  A
U  I  N  D  O  N  B  M  E  M  O  P  I  B
Š  Č  O  E  P  M  L  A  D  V  J  W  L  P
E  N  W  R  O  N  R  E  D  O  M  C  E  T
N  O  A  V  P  D  B  Y  L  O  K  P  V  J
```

AMBICIOZEN	IDENTIČNO
AROMATIČNO	POMEMBNO
UMETNIŠKA	POČASEN
ABSOLUTNO	DOLGA
AKTIVNO	MODERNO
OGROMNO	ISKREN
EKSOTIČNO	POPOLN
VELIKODUŠEN	TEŽKA
MLAD	VREDNO
VELIK	TANEK

7 - Geologia

```
K N J M Q Q K Q F Z S O L Y
R R B I C N K G J U K S S K
E K A N I L S I K N H T T T
M H S E R T O P K P Z A A D
E Q J R A J I Z O R E L L T
N Q N A K L U V R Z J A A V
U D O L N L T S A L P K G O
O S E I K I O U L I E T M T
P L A T O A L B E S F I I L
L A V A O Y L E K O Z T T I
G E J Z I R P C C F V V I N
K R I S T A L I I B H W B A
P M L N O U M C J J F P J M
M C E F L Z R V L K A M E N
```

KISLINA
PLATO
KALCIJ
VOTLINA
CELINA
KORALE
KRISTALI
EROZIJA
FOSIL
GEJZIR

LAVA
MINERALI
KAMEN
KREMEN
SOL
STALAGMITI
STALAKTIT
PLAST
POTRES
VULKAN

8 - Campeggio

```
O W N O N A R C I C J Ž Z P
C V V M S A P M O K P I E U
Q T N Q B K R I M I F V B S
D R E V E S A A N I B A K T
Ž E E V R V Q A V I M L S O
Z U R O R E Z E J A H I I L
D E Ž L U N A R O G I I Z O
V G M E Š O T O R R A R Y V
I H Z L L Q L K L O B U K Š
K A N U J K Z A B A V N O Č
P O Ž A R E E R H D Z K Y I
C H M H P E V U F C W W D N
P S Q K V P R I F S F Z P A
C D Q J D D G L D Z O G L V
```

DREVESA	GOZD
ŽIVALI	POŽAR
PUSTOLOVŠČINA	ŽUŽELKE
KOMPAS	JEZERO
KABINA	LUNA
LOV	ZEMLJEVID
KANU	GORA
KLOBUK	NARAVA
VRV	ŠOTOR
ZABAVNO	

9 - Arti Visive

```
F O T O G R A F I J A V A S
P E N W S E S T A V A E K V
P V A D S K U L P T U R A I
F E A A K I M A R E K Q D N
G I R Z F J F R F R B K E Č
U L L S F Z O U R T J T R N
M M I M P K Y T Y R P A K I
E D B N P E K K S O W A S K
T U Z D A S K E D P Y E T A
N A N I V O R T S J O M O W
I K E Q T V R I I B Q B J V
K I O G L J E H B V Q E A C
F L L A K Y L R B T A Z L Q
Q S E G F J L A D Q D M O K
```

ARHITEKTURA	FOTOGRAFIJA
GLINA	KREDA
UMETNIK	SVINČNIK
MOJSTROVINA	PEN
OGLJE	SLIKA
STOJALO	PERSPEKTIVA
VOSEK	PORTRET
KERAMIKA	SKULPTURA
SESTAVA	LAK
FILM	

10 - Tempo

```
L T T V A C G M J A R E Č V
E E A R U P K O M U I M U K
T D B D E J T E L O T S J O
N E U Y K N R Z R D S R N L
I N K V V D U V F A O P O E
H S D O O E T T O N N G T D
D A N E S S N P E S D R E A
D T G N W E O P C K O Y L R
I U Y D B T Č Q Z D H N I K
F N K L M L P R E D I Q Y M
D I J O I E G R Q H R W T A
H M S P K T T E E P P U W L
K P T O A J N H M E S E C U
U Z L J T E E A W H R G Q B
```

LETO
LETNI
KOLEDAR
DESETLETJE
PO
PRIHODNOST
DAN
VČERAJ
JUTRO
MESEC

OPOLDNE
MINUTA
TRENUTEK
NOČ
DANES
URA
KMALU
PRED
STOLETJE
TEDEN

11 - Astronomia

```
R W Z M O N O R T S A T N F
P A U M E J N A V E S E D A
L N K R W T B C R Q H L R S
A U U E A Z E G V C B E Y T
N L S F T D I O R E T S A R
E G K B K A N R R C A K Z O
T G K O Z V E Z D J E O E N
E J Č O N O K A N E E P M A
M C Z B Z M E G L I C A L V
I G R E I M O B V O S I J T
Z Z S N C G O R G P W Y A A
I O V M A J I S K A L A G H
T G R A V I T A C I J A A P
O B S E R V A T O R I J M I
```

ASTEROID
ASTRONAVT
ASTRONOM
NEBO
KOZMOS
OZVEZDJE
ENAKONOČJE
GALAKSIJA
GRAVITACIJA

LUNA
METEOR
MEGLICA
OBSERVATORIJ
PLANET
SEVANJE
RAKETA
TELESKOP
ZEMLJA

12 - Circo

```
S P J Q G I Č J J P B O T M
L B V A A B S A L G Y P W P
A L E V I V P A R C C I H E
D I K K L O V N K O S C T R
K M P Z A Q V O D R V A S V
A U T A V C O P G N O N V C
R T I H I P Z T G T U B I P
I S I K Ž A O Ž L S B K A K
J O N G Q D V O E L A D J T
E K O Q E A N N D O Z L I Z
P A L Q F R I G A N I K G Z
C C A Z C A C L L E Z F A G
D Z B M E P A E E D N Q M H
A F T R I K R R C Š O T O R
```

AKROBAT	ČAROVNIK
ŽIVALI	GLASBA
VOZOVNICA	BALONI
SLADKARIJE	PARADA
KLOVN	OPICA
KOSTUM	GLEDALEC
SLON	ŠOTOR
ŽONGLER	TIGER
LEV	TRIK
MAGIJA	

13 - Algebra

```
P  R  N  M  A  T  R  I  C  A  N  O  S  U
Z  O  S  A  L  U  M  R  O  F  E  K  P  L
H  T  E  O  P  U  Q  D  F  Z  S  L  R  O
A  K  H  N  R  A  T  O  S  V  K  E  E  M
B  A  I  L  O  L  Č  I  N  R  O  P  M  E
Č  F  O  Z  Z  S  H  N  L  H  N  A  E  K
A  K  L  I  V  E  T  Š  O  H  Č  J  N  R
N  Y  F  P  D  E  F  A  R  G  N  J  L  E
E  Q  H  Y  M  I  G  H  V  W  O  G  J  Š
N  P  Q  O  N  R  A  E  N  I  L  M  I  I
P  R  O  B  L  E  M  G  M  M  T  G  V  T
K  I  K  H  R  Q  Z  I  R  C  L  I  K  E
E  K  S  P  O  N  E  N  T  A  S  Q  A  V
O  D  Š  T  E  V  A  N  J  E  M  Y  I  M
```

DIAGRAM	MATRICA
ENAČBA	ŠTEVILKA
EKSPONENT	OKLEPAJ
NAPAČNO	PROBLEM
FAKTOR	POENOSTAVITI
FORMULA	REŠITEV
ULOMEK	VSOTA
GRAF	ODŠTEVANJE
NESKONČNO	SPREMENLJIVKA
LINEARNO	NIČ

14 - Mitologia

```
Z  L  J  U  B  O  S  U  M  J  E  O  O  L
B  O  Ž  A  N  S  T  V  A  U  Y  N  L  T
V  M  A  Š  Č  E  V  A  N  J  E  Y  I  I
M  E  K  A  T  A  S  T  R  O  F  A  C  W
Z  M  D  S  N  E  S  M  R  T  N  O  S  T
A  O  Z  E  T  S  A  Š  O  P  W  I  P  H
R  Č  U  P  N  R  B  O  J  E  V  N  I  K
U  N  Q  M  M  J  E  F  A  L  T  T  T  A
T  O  R  O  O  N  E  L  R  E  H  R  E  N
L  A  B  I  R  I  N  T  E  G  Y  M  H  U
U  W  I  Y  G  T  W  F  Y  E  D  S  R  J
K  B  I  T  J  E  R  A  R  N  N  O  A  Z
Č  A  R  O  B  N  O  L  B  D  B  E  Q  U
W  L  O  E  J  N  A  J  R  A  V  T  S  U
```

ARHETIP   LJUBOSUMJE
VEDENJE   BOJEVNIK
BITJE   NESMRTNOST
USTVARJANJE   LABIRINT
KULTURA   LEGENDA
KATASTROFA   ČAROBNO
BOŽANSTVA   SMRTNI
JUNAK   POŠAST
MOČ   GROM
STRELE   MAŠČEVANJE

15 - Piante

```
T  S  W  J  L  I  S  T  J  E  A  W  M  B
S  U  B  M  A  B  T  R  A  V  A  U  Z  H
I  O  G  M  R  G  B  O  T  A  N  I  K  A
L  E  B  A  O  J  O  S  B  V  G  D  C  M
I  F  R  E  L  W  U  D  F  J  O  R  V  K
N  K  I  A  F  K  R  M  I  K  Z  E  E  A
T  U  O  Ž  S  C  D  G  W  Č  D  V  T  K
E  L  N  B  O  T  Q  H  E  W  J  O  Q  T
V  L  E  G  O  L  I  J  O  N  G  E  F  U
C  B  R  Š  L  J  A  N  B  T  K  K  Q  S
S  A  J  I  C  A  T  E  G  E  V  R  L  W
H  Z  Z  Y  J  Q  J  R  A  L  R  W  W  G
J  O  U  V  R  T  L  O  E  A  Q  Z  I  Y
J  M  C  O  A  D  O  K  B  S  A  Q  Y  P
```

DREVO	GNOJILO
JAGODIČJE	CVET
BAMBUS	FLORA
BOTANIKA	LISTJE
KAKTUS	GOZD
GRM	VRT
RASTI	MAH
BRŠLJAN	CVETNI LIST
TRAVA	KOREN
FIŽOL	VEGETACIJA

16 - Spezie

```
E G T G H T U L A R K K A T
C A Y R G S D N R D O O M J
I G M E Y H Q E E Y R R U C
M N G N W B V S P M O I K A
E T R K Q F A E O L M A R E
T I H O Y K N Č P L A N U J
Č Z U R K U I F E M Č D K G
Ž E N A J M L U J E B E L K
S R B D Z I I Y B P E R F I
L L R U L N J Ž A F R A N S
W A A T L A A K I R P A P L
O P T D V A O K U S K F A O
U B B G K K A R D A M O M N
F S O F W O I N G V E R B L
```

KISLO	CURRY
ČESEN	SLADKO
GRENKO	KOROMAČ
JANEŽ	OKUS
CIMET	PAPRIKA
KARDAMOM	POPER
ČEBULA	SOL
KORIANDER	VANILIJA
KUMINA	ŽAFRAN
KURKUMA	INGVER

17 - Numeri

```
T O T C L Š O H R C D D D Q
T E S E D T U S L U E E B P
S K P F Č I N Q E H V C W S
J E I E V R O G I M E I K Z
A T D E T I Z T D H T M O K
N S L E I N Š E S T N A V D
M J C T M A E P H S A L P T
E A L H H J T C W J J N E R
S N S I Z S S M G A S O T I
O T R I I T Q K Z N T O N N
R S D V A J S E T A L L A A
D E V E T P C C T V W E J J
J Š Š T I R I U Y D C W S S
S E D E M N A J S T I B T T
```

PET

DECIMALNO

DEVETNAJST

SEDEMNAJST

OSEMNAJST

DESET

DVANAJST

DVA

DEVET

OSEM

ŠTIRINAJST

ŠTIRI

PETNAJST

ŠESTNAJST

ŠEST

SEDEM

TRI

TRINAJST

DVAJSET

NIČ

18 - Cioccolato

```
G R J K P R A H B Y D C O I
I D I Š A R A K T Y R F D N
C Z Z Q M K R E C E P T L A
E A P H O B O K N E R G I J
K N C I R V D V G Q U L Č L
S I P A A Q U P O S E M N J
O V I L O K D A L S U K O U
T A O E K E L Q S O T E J B
I T H M R A N U U K C C F Š
Č S I A S F L Z U O Z W U I
N E J R F M M O C K M H Z T
O S J A K G B S R P R P A S
H E S K P N A F E I O G K E
S L A D K A R I J E J L H J
```

GRENKO   EKSOTIČNO
ARAŠIDI   OKUS
AROMA   SESTAVINA
CACAO   JESTI
KALORIJ   KOKOS
SLADKARIJE   PRAH
KARAMELA   NAJLJUBŠI
ODLIČNO   KAKOVOST
SLADKO   RECEPT

19 - Guida

```
A Z E M L J E V I D S Z L V
V V G E V M I A R L K T N B
T M H H A O T E J J A P I T
O T V A R Z P E Š E C H J O
B T C R N A J I C I L O P O
U S V T O V P T U N E L Y T
S O G M S O E R J C E S T A
P N Q K T R O T O M A J G Ž
S R A C N E C I L M Č M O A
H A E H I T R O S T E Y R R
M V D V V T P O C Z R T I A
P E T I O Z J L P D S H V G
F N B I Z Z Y T I G E O O K
M O T O C I K E L N N S U H
```

AVTO	MOTOR
AVTOBUS	PEŠEC
GORIVO	NEVARNOST
ZAVORE	POLICIJA
GARAŽA	VARNOST
PLIN	CESTA
NESREČA	PROMET
LICENCA	PREVOZ
ZEMLJEVID	TUNEL
MOTOCIKEL	HITROST

20 - I Media

```
E  F  D  B  L  A  S  T  J  C  Z  L  H  F
H  O  K  I  N  Z  E  M  A  S  O  P  B  I
U  T  E  L  P  S  A  N  V  M  S  C  C  N
Č  O  T  M  B  N  R  K  N  N  P  N  I  A
A  G  C  D  Z  J  D  E  O  E  O  D  N  N
S  R  S  A  F  Q  Z  G  D  N  R  E  D  C
O  A  P  S  V  E  H  I  I  J  O  J  U  I
P  F  W  H  I  T  U  O  G  E  Č  S  S  R
I  I  N  L  A  K  O  L  I  J  I  T  T  A
S  J  S  A  D  O  R  U  T  Ž  L  V  R  N
I  E  P  A  S  G  Q  O  A  E  O  A  I  J
Z  C  F  B  L  L  G  L  L  R  U  C  J  E
R  A  D  I  O  G  H  Z  N  M  Y  E  A  B
I  Z  D  A  J  A  O  Y  O  O  Z  C  T  E
```

SPOROČILO
DIGITALNO
IZDAJA
DEJSTVA
FINANCIRANJE
FOTOGRAFIJE
ČASOPISI
POSAMEZNIK

INDUSTRIJA
LOKALNI
NA SPLETU
MNENJE
OGLASI
JAVNO
RADIO
OMREŽJE

21 - Forza e Gravità

```
O L T U N I V E R Z A L N O
N A J E T L A K I Q D I U T
Č M M J Ž H I T R O S T E I
I O L N V A K I Z I F I E A
M V R E P T R A Z D A L J A
A A Q R L I S T Y A A L N O
N S G T I B F P A G W A A D
I Q Z N V R O S Z N Z S B K
D P J P E O I Č P S C T I R
K N O R M T E O A Y E N G I
B L W L B E I T J S N O I T
Š I R I T E V Z H Q T S U J
P L A N E T I U E E E T J E
M E H A N I K A P M R I H M
```

OS	GIBANJE
TRENJE	ORBITA
CENTER	TEŽA
DINAMIČNO	PLANETI
RAZDALJA	TLAK
ŠIRITEV	LASTNOSTI
FIZIKA	ODKRITJE
VPLIV	ČAS
MAGNETIZEM	UNIVERZALNO
MEHANIKA	HITROST

22 - Uccelli

```
F N N D L O J P K Z V M P K
U F M Y R O D E C J A J A U
F K Y L D R R L T T G E P K
J D R S O G N I M A L F I A
Z V J H U W F K A E E A G V
L A B O D P M A C A R E A I
E P S O G J N N V E Š P J C
R W I G L F I W R P T I L A
O R V B U O V T A G O Š P O
S O K O L E G U B A R Č A V
Z B P E Y J N K E L K A Č W
W S H M Y F I A C E L N L J
B S K Y G L P N F B J E P Z
N O J Y E W P S I Q A C H O
```

ČAPLJA
RACA
OREL
ŠTORKLJA
LABOD
KUKAVICA
SOKOL
FLAMINGO
GALEB
GOS

PAPIGA
VRABEC
PAV
PELIKAN
GOLOB
PINGVIN
PIŠČANEC
NOJ
TUKAN
JAJCE

23 - Giorni e Mesi

```
K  J  J  I  N  U  J  I  L  U  J  J  D  P
J  T  G  T  C  E  S  E  M  A  P  A  E  O
D  P  J  F  S  S  D  P  O  E  E  N  C  N
R  F  N  H  G  R  N  E  N  C  T  U  E  E
A  P  R  I  L  E  E  O  L  A  E  A  M  D
U  A  E  I  J  D  F  B  V  J  K  R  B  E
R  L  K  B  V  A  A  A  M  E  A  S  E  L
B  T  E  D  E  N  V  C  Y  E  M  C  R  J
E  Z  R  P  I  T  G  L  D  B  T  B  L  E
F  W  O  I  J  K  U  E  M  K  U  P  E  K
W  A  T  O  B  O  S  T  Q  L  U  W  E  R
S  A  J  Y  Y  I  T  O  M  J  I  N  J  S
O  K  T  O  B  E  R  K  O  L  E  D  A  R
J  R  J  R  H  M  K  L  W  H  O  T  C  A
```

AVGUST	PONEDELJEK
LETO	TOREK
APRIL	SREDA
KOLEDAR	MESEC
DECEMBER	NOVEMBER
NEDELJA	OKTOBER
FEBRUAR	SOBOTA
JANUAR	SEPTEMBER
JUNIJ	TEDEN
JULIJ	PETEK

24 - Casa

```
V  J  A  K  P  W  E  J  C  V  R  A  T  A
M  A  A  G  O  R  P  E  R  P  S  F  K  P
G  F  H  V  P  G  O  K  N  O  E  Q  N  I
F  A  E  S  A  K  L  I  T  E  V  S  J  P
Y  Y  R  T  L  I  N  E  S  Q  V  I  I  B
Z  R  T  A  T  B  G  U  D  M  F  K  Ž  I
L  V  S  A  Ž  Q  L  H  L  A  Z  M  N  J
D  U  F  S  W  A  R  N  P  C  L  C  I  K
K  A  M  I  N  Y  M  E  T  L  A  O  C  M
Z  P  O  D  S  T  R  E  Š  J  E  S  A  S
V  I  B  G  U  T  Q  C  H  J  Z  V  T  Y
R  Q  D  K  U  H  I  N  J  A  E  E  G  E
T  G  S  T  R  O  P  D  O  G  R  A  J  A
S  O  B  A  J  U  T  I  G  T  U  Š  N  B
```

PODSTREŠJE	ZID
KNJIŽNICA	TLA
SOBA	VRATA
KAMIN	OGRAJA
KUHINJA	PIPA
TUŠ	METLA
OKNO	STROP
GARAŽA	OGLEDALO
VRT	PREPROGA
SVETILKA	STREHA

25 - Ristorante #1

```
F C E N A Č Š I P K O K Q K
K G H U A A B O L F B E V R
E H G B U C Z Ž O N H Č K U
Q I J E S T I C Š P K I J H
S K L E D A V R Č K R T P B
M S V U N K O L A N A R H M
E E Y G R A P K D K V P H Y
N N B I P M U C U F A D T T
I T H B N O S E M H K T L Y
Z A Č I N J E N I C I V A O
S E S T A V I N E A D N R N
B L A G A J N I K P Q J J M
R E Z E R V A C I J A F R A
S L A D I C A J I G R E L A
```

ALERGIJA	SESTAVINE
KAVA	JESTI
NATAKARICA	MENI
MESO	KRUH
BLAGAJNIK	PLOŠČA
HRANA	ZAČINJEN
SKLEDA	PIŠČANEC
NOŽ	REZERVACIJA
KUHINJA	OMAKA
SLADICA	PRTIČEK

26 - Fantascienza

```
H O H M D E L I L U Z I J A
S K R I V N O S T N O K O I
E K S P L O Z I J A K S R M
D U P B C G E F A Q N M A A
T T G O Z J A Z A B J O K G
Y O P N Ž P I L P H I T E I
Q P R I B A G D A G G A L N
N I S K A F R U K K E A J A
S J B D O N M E R T S K E R
V A R Z A J I P O T S I D N
E Q H R Q A O T B W T A J O
T E N A L P A F O W O V S A
C O N Č I T S A T N A F L O
Q N O N Č I T S I R U T U F
```

ATOMSKI	ILUZIJA
KINO	IMAGINARNO
DISTOPIJA	KNJIGE
EKSPLOZIJA	SKRIVNOSTNO
EKSTREMNO	SVET
FANTASTIČNO	ORAKELJ
POŽAR	PLANET
FUTURISTIČNO	ROBOTI
GALAKSIJA	UTOPIJA

27 - Città

```
I B T Z T Q K L P T C D K Y
F Q A R T W K V E H R Y I K
A E W A E A U G K T F G N N
U Č E Č K C S W A L O Š O J
I Š Č I R I A M R L O H V I
A I Š L A N B L N D A E D G
A L I T M Ž Q Y A K N A B A
G A L E R I J A Z E I N U R
J D A V E J E K R W V R K N
T E T C P N Z I E J O A B A
V L E G U K U N V D G K Y G
T G L B S Z M I I S R E E N
S T A D I O N L N C T L A B
T D L Y J M M K U D Q W A Q
```

LETALIŠČE	TRG
BANKA	MUZEJ
KNJIŽNICA	TRGOVINA
KINO	PEKARNA
KLINIKA	ŠOLA
LEKARNA	STADION
CVETLIČAR	SUPERMARKET
GALERIJA	GLEDALIŠČE
HOTEL	UNIVERZA
KNJIGARNA	

28 - Fattoria #1

```
M C J A T A J A R G O Č H M
R Y N S Č L B H F O N E S A
K M E T I J S T V O O B O Č
T A L Q Š K K O N J J E S K
G C E I A J R T L W T L E A
G B T H R H K A R Z W A L V
S N J F P A P S V D A Z K A
V H O W C B O E B A D O V F
T Q Y J L C L M C A D K U Q
B C S B I N J E V F U L P M
Q G S Q F L E N G Z T S E E
R I Ž R D A O A L A W L S D
T E N P I Š Č A N E C K S O
F Q A V I F J Q E V T Q B T
```

VODA	MAČKA
KMETIJSTVO	JATA
ČEBELA	PRAŠIČ
OSEL	MED
POLJE	KRAVA
PES	PIŠČANEC
KOZA	OGRAJA
KONJ	RIŽ
GNOJILO	SEMENA
SENO	TELE

29 - Psicologia

```
G  C  E  T  O  P  W  N  M  O  F  K  P  R
I  B  J  E  B  E  M  E  I  C  W  L  R  E
K  Q  H  R  Č  R  U  T  S  E  T  I  O  S
T  K  N  A  U  C  V  S  L  N  K  N  B  N
S  B  H  P  T  E  H  E  I  A  I  I  L  I
O  N  W  I  E  P  U  V  D  H  L  Č  E  Č
N  T  J  J  K  C  O  A  U  E  F  N  M  N
B  I  R  A  Y  I  H  Z  A  F  N  I  I  O
E  D  U  O  C  J  E  E  F  J  O  J  E  S
S  E  I  T  Š  A  I  N  O  D  K  R  E  T
O  J  D  Y  C  T  S  E  V  A  Z  D  O  P
E  E  E  J  N  A  V  O  N  E  M  I  S  A
B  G  M  T  F  L  C  O  V  P  L  I  V  I
T  C  O  N  K  Č  U  S  T  V  A  H  Q  V
```

IMENOVANJE	MISLI
KLINIČNI	PERCEPCIJA
VEDENJE	OSEBNOST
KONFLIKT	PROBLEM
EGO	RESNIČNOST
ČUSTVA	OBČUTEK
IDEJE	PODZAVEST
NEZAVESTEN	TERAPIJA
OTROŠTVO	OCENA
VPLIVI	

30 - Paesaggi

```
O P A L S R H Y I M J A M A L
L C U O R E Z E J O D K R J
M T E Š F K I F U Č E V Z B
T U K A Č A W I J V L O J A
P U I Y N A F L R I Z J E G
L L N E I V V Q D R O T O K
A H E D B E Y A T J N Q R D
Ž R D A R O G A N E D E L O
A I E Z E A M O R J E V R L
L B L T C Z J D R H O U Q I
N M C G O R A T D T D L W N
P O L O T O K F G L Q K U A
T Y H C J B Y F G T C A W Y
O A Z A K Y T W K E Y N Q E
```

SLAP
HRIB
PUŠČAVA
REKA
GEJZIR
LEDENIK
JAMA
LEDENA GORA
OTOK
JEZERO

MORJE
GORA
OAZA
OCEAN
MOČVIRJE
POLOTOK
PLAŽA
TUNDRA
DOLINA
VULKAN

31 - Energia

```
O J V N E L E K T R I Č N I
K E I O G I T T S Q O M O I
O D J T D O E I Q J N O R N
L R L O Y I R R V Z E T T D
J S V F W H K I M A S O K U
E K O K I F G N V T N R E S
H O N O G L J I K O A M L T
K V B V B V Q C V L Ž D E R
L P O C Y Y S N E P E F M I
M Q W R T R L E T O V Z L J
A J I R E T A B E T A E I A
V U U S E T Y E R A N U K D
T U R B I N A R A P J W T J
E N T R O P I J A M E V O C
```

OKOLJE
BATERIJA
BENCIN
TOPLOTA
OGLJIK
GORIVO
DIZEL
ELEKTRIČNI
ELEKTRON
ENTROPIJA

FOTON
VODIK
INDUSTRIJA
ONESNAŽEVANJE
MOTOR
JEDRSKO
OBNOVLJIV
TURBINA
PARA
VETER

32 - Ristorante #2

```
P  Y  Ž  M  I  S  D  P  P  N  V  O  P  C
S  G  K  L  R  B  B  G  R  A  I  T  J  Q
W  O  B  O  I  Q  E  C  E  T  L  K  B  R
K  A  L  S  C  C  G  O  D  A  I  L  T  N
Z  R  M  A  G  L  A  D  J  K  C  F  P  J
Q  J  R  D  T  T  L  E  A  E  S  D  D
J  F  C  O  S  A  R  I  D  R  R  I  B  E
U  T  V  V  T  Z  O  Č  L  W  P  J  J  L
H  K  F  S  O  S  T  N  S  A  D  J  E  O
A  E  N  K  L  Q  V  O  F  I  C  S  J  W
Z  A  Č  I  M  B  E  O  E  K  A  J  A  J
Q  P  I  J  A  Č  A  O  F  M  I  U  A  J
V  E  Č  E  R  J  A  K  O  S  I  L  O  J
Z  E  L  E  N  J  A  V  A  F  E  M  J  Y
```

VODA	SOLATA
PREDJED	JUHA
PIJAČA	RIBE
NATAKAR	KOSILO
VEČERJA	SOL
ŽLICA	STOL
ODLIČNO	ZAČIMBE
VILICE	TORTA
SADJE	JAJCA
LED	ZELENJAVA

33 - L'Azienda

```
I  H  P  Q  K  G  D  B  A  M  Y  E  M  K
F  V  R  O  Q  R  L  F  Z  J  I  B  O  A
W  Y  K  W  B  S  E  O  S  D  A  Ž  Ž  K
V  E  J  K  G  E  Z  A  B  L  H  O  N  O
N  A  P  R  E  D  E  K  T  A  I  L  O  V
E  T  G  K  E  L  E  D  Z  I  L  A  S  O
S  T  R  O  K  O  V  N  O  M  V  N  T  S
P  Z  A  P  O  S  L  I  T  E  V  N  O  T
M  G  I  R  I  V  B  F  F  Č  H  T  O  S
G  G  D  Z  O  N  V  I  T  A  V  O  N  I
P  H  N  E  N  O  T  D  E  L  G  U  N  I
T  V  E  G  A  N  J  A  K  P  D  Q  B  Z
C  J  R  I  N  D  U  S  T  R  I  J  A  H
V  E  T  I  Č  O  L  D  O  B  Y  R  R  K
```

KREATIVNO	STROKOVNO
ODLOČITEV	NAPREDEK
GLOBALNO	KAKOVOST
INDUSTRIJA	UGLED
INOVATIVNO	TVEGANJA
NALOŽBE	VIRI
ZAPOSLITEV	PLAČE
MOŽNOST	TRENDI
IZDELEK	ENOT

34 - Giardino

```
V T L J W N P T S R P P D L
E E H O A S A R E T A L R O
C J R Y P A Ž A R A G E E P
D L S A U T E V C T K V V A
Q B S A N D R A G A P E O T
N A A M K D M R L R Q L K A
I R D Y O O A W D T D L L A
L G O K Q A Č S A Q H R R N
O U V L O R E J D L H Q H K
P J N O A I S W Y I J R A I
M O J P H K I N B I R I F U
A J A R G O V V K Y F H H F
R W K H N R U R D G J L H N
T D K E I Q M T C T P W B O
```

DREVO	KLOP
VISEČA MREŽA	VERANDA
GRM	TRATA
TRAVA	GRABLJE
PLEVEL	OGRAJA
CVET	RIBNIK
SADOVNJAK	PRST
GARAŽA	TERASA
VRT	TRAMPOLIN
LOPATA	CEV

35 - Frutta

```
W  I  I  P  I  A  A  N  I  L  A  M  A  C
Č  E  Š  N  J  A  V  V  D  V  B  Z  H  M
U  O  N  C  I  V  I  K  O  V  Y  F  O  A
L  T  D  T  D  N  L  I  O  K  S  F  G  R
M  E  L  O  N  A  S  G  A  Y  A  E  A  H
J  A  G  O  D  I  Č  J  E  R  N  D  Q  R
P  A  P  A  J  A  U  J  M  U  A  I  O  U
B  M  A  C  I  L  E  R  A  M  N  W  F  Š
A  F  A  N  O  M  I  L  K  B  A  F  R  K
N  V  D  N  O  A  Q  G  T  L  O  O  R  A
A  W  I  M  G  G  L  W  U  V  O  L  D  U
N  M  B  D  C  O  F  Y  Q  Y  O  J  K  N
A  Y  O  R  A  N  Ž  N  A  M  G  E  D  O
T  E  R  L  B  R  E  S  K  E  V  J  Q  W
```

MARELICA	LIMONA
ANANAS	MANGO
ORANŽNA	JABOLKO
AVOKADO	MELONA
JAGODIČJE	ROBIDA
BANANA	PAPAJA
ČEŠNJA	HRUŠKA
KIVI	BRESKEV
MALINA	SLIVA

36 - Fattoria #2

```
Q  O  O  Ž  H  A  C  U  C  H  C  M  W  M
L  A  M  A  I  R  I  T  S  A  P  V  I  T
Z  C  K  I  N  V  A  R  T  N  D  B  Y  G
P  O  T  F  D  R  A  N  V  A  C  P  G  R
S  K  E  D  E  N  J  L  A  M  I  Š  K  A
G  D  M  Z  J  E  N  Z  I  A  I  E  O  C
A  O  K  F  D  M  A  C  L  K  Y  N  V  A
Q  E  S  P  A  Č  P  J  A  A  K  I  C  L
A  R  N  I  S  E  I  R  Q  N  M  C  E  F
F  G  A  B  M  J  R  L  Q  J  L  A  K  D
K  O  R  U  Z  A  S  V  B  E  E  M  A  T
J  A  G  N  J  E  T  I  N  A  K  K  Q  I
L  Q  T  Q  Z  K  A  J  N  V  O  D  A  S
D  G  C  V  J  R  A  T  R  A  K  T  O  R
```

JAGNJETINA	NAMAKANJE
KMET	LAMA
PANJ	MLEKO
RACA	KORUZA
ŽIVALI	GOSI
HRANA	JEČMEN
SKEDENJ	PASTIR
SADJE	OVCE
SADOVNJAK	TRAVNIK
PŠENICA	TRAKTOR

37 - Verdure

```
Z G P F F K R O M P I R K T
E R E V G N I L O K O R B H
L A T B A K T O L A Š M G H
E H E S K I N Ž I D A R A P
N E R B O S D C J M V U F L
A Q Š U Č L V D K U S C N G
F R I Č I W A L U B E Č V I
Č C L E T B Č T V L J G M K
R E J S R K A A A P N Q E K
Z A S L A H N A B H E Y A U
A D S E Z U I S O D R C R M
O L T B N Q P Y G I O L E A
R E D K E V Š V R B K B P R
J A J Č E V E C W H A R A A
```

ČESEN	GRAH
BROKOLI	PARADIŽNIK
ARTIČOKA	PETERŠILJ
KORENJE	REPA
KUMARA	REDKEV
ČEBULA	ŠALOTKA
GOBA	ZELENA
SOLATA	ŠPINAČA
JAJČEVEC	INGVER
KROMPIR	BUČE

38 - Musica

```
G D A M R P G G A D A L A B
D Q P A I K R E L R M L H H
O N Č I T E O P B H E Z R A
P E T I E U Y N U A N P O R
E J N A M E N S M M I O O M
H A R M O N I J A I Z E N O
R G L A S B E N I K U G Č N
P E Y T N E M U R T S N I I
E T F I S N E Č I M T I R Č
V E G R M E L O D I J A I N
E M I N E B S A L G J B L O
C P Z B D N O F O R K I M H
G O C K L A S I Č N A M F C
B M M D H R H J Q T T S E R
```

ALBUM	MIKROFON
HARMONIJA	GLASBENI
HARMONIČNO	GLASBENIK
BALADA	OPERA
PEVEC	POETIČNO
PETI	SNEMANJE
KLASIČNA	RITMIČEN
REFREN	RITEM
LIRIČNO	INSTRUMENT
MELODIJA	TEMPO

39 - Barbecue

```
D S T S P I A D K V N Z V P
Ž V S O O A B Y O A Q F E A
C A D L P F Z G S B F M Č R
I N R W E R G I I I H E E A
M A P Z R P P V L L K J R D
O R A Y D Z N O O O Z T J I
A H N M N A L U B E Č E A Ž
S A D J E O H A B S A L G N
Q O M A K A Ž Q K R Y O P I
D R U Ž I N A I J O H P Y K
S O L A T E Č O R V T O Y U
P P I Š Č A N E C V V A E D
S P R Z T Q S W K A K J J A
L B Q J W H Y J J Y D O Z S
```

VROČE	ŽAR
VEČERJA	SOLATE
HRANA	VABILO
ČEBULA	GLASBA
NOŽI	POPER
POLETJE	PIŠČANEC
LAKOTA	PARADIŽNIK
DRUŽINA	KOSILO
SADJE	SOL
IGRE	OMAKA

40 - Insetti

```
K D O L S P G A H L O B Z Q
A S O I M O L J L U T E M H
Č I P S L N I L Š Č U R E K
J T I T A N G V K M F F C A
I N K N I W T A L E B E Č K
P A A A U M Z R H S R Š E N
A M P U R P R M I R B K Z I
S Z O Š P W A E U S O C O Č
T M L V I W M V T Y V Š Q I
I Z O M G N O H A O U T Č L
R A N U L G K Č Ž K F M I F
S Z I Q L F Z W R O U Q B L
Q A C I L I B O K V D I L C
L A A B S R B K Š O C Q F O
```

LISTNA UŠ
ČEBELA
SRŠEN
KOBILICA
ŠKRŽAT
PIKAPOLONICA
HROŠČ
MOLJ
METULJ
MRAVLJA

LIČINKA
KAČJI PASTIR
MANTIS
GNAT
BOLHA
ŠČUREK
TERMIT
ČRV
OSA
KOMAR

41 - Fisica

```
J  U  F  R  E  K  V  E  N  C  A  A  K  M
G  E  N  D  E  L  E  C  B  F  T  M  A  A
R  M  D  I  G  N  E  P  U  O  O  M  P  G
A  O  N  R  V  J  K  N  A  R  T  E  H  N
V  L  B  H  S  E  Q  M  J  M  S  H  G  E
I  E  A  I  O  K  R  O  I  U  O  A  E  T
T  K  T  T  A  E  O  Z  L  L  G  N  L  I
A  U  O  R  K  Š  T  Š  A  A  H  I  E  Z
C  L  M  O  N  E  O  I  K  L  J  K  K  E
I  A  I  S  C  P  M  R  I  G  N  A  T  M
J  Q  M  T  B  S  D  I  M  N  I  O  R  S
A  J  F  L  Z  O  E  T  E  K  L  A  O  S
C  M  S  B  M  P  Y  E  K  W  P  F  N  B
J  J  S  T  S  O  N  V  I  T  A  L  E  R
```

POSPEŠEK	GRAVITACIJA
ATOM	MAGNETIZEM
KAOS	MEHANIKA
KEMIKALIJA	MOLEKULA
GOSTOTA	MOTOR
ELEKTRON	JEDRSKO
ŠIRITEV	DELEC
FORMULA	RELATIVNOST
FREKVENCA	UNIVERZALNO
PLIN	HITROST

42 - Erboristeria

```
Y Y A G O K A K O V O S T E
Z N V K V R E P O K C V R T
K L R L F C I Q M L V P F F
N O R A J A M G E K E E I E
K L R Z A A K H A N T H T L
K U E O F K T W L N Q T S P
T E L Q M F W J N S O R S E
I G N I R A M Ž O R F A D T
M Z Ž K N K Č C U E K N H E
I E A Z E A K I L I Z A B R
J L F V S K R M E T A T P Š
A E R Q E V E I C B O T W I
N N A O Č I D V K F V B V L
F A N H P S Z F F A A J R J
```

ČESEN	MAJARON
KOPER	META
BAZILIKA	ORIGANO
KULINARIKA	PETERŠILJ
PEHTRAN	KAKOVOST
KOROMAČ	ROŽMARIN
CVET	TIMIJAN
VRT	ZELENA
SIVKA	ŽAFRAN

43 - Attività Commerciale

```
T E C N A N I F N T E T L T
N R K E T W V A L U T A L R
E A G O K E J T E J D O P A
I N D O N D N U C A O P P N
R E I G V O D H E R H J I S
N D N P A I M C L E O R S A
P A U A S K N I A I D D A K
O N L D R V N A J R E O R C
P R G O V A Y G A A K B N I
U A J K Ž D C D D K K I A J
S V N Y H B L K O P U Č N A
T O C G P E E J L K W E N N
S T R O Š K I H E D I K L V
P R O R A Č U N D P D E K K
```

PRORAČUN	DOBIČEK
KARIERA	DOHODEK
STROŠKI	POPUST
DELODAJALEC	PODJETJE
EKONOMIJA	DENAR
TOVARNA	DAVKI
FINANCE	TRANSAKCIJA
NALOŽBE	PISARNA
TRGOVINA	VALUTA

44 - Fiori

```
C V E T N I L I S T G T P H
T U L I P A N I E R Š B S I
F A C I T E J R A M O R S B
N J Z G Q Z B K K L P L P I
P I G S Z L D T V L E P O S
A L O P O D O O I S K L T K
C O K U A N I M S A J U O U
I N I R J S Č P Y L S M N S
N G A Y L Q I N Q I D E I K
T A R G E R A J I L K R K V
R M A O T V I F O C V I A Y
V R Q S E Z J R C N A A O L
J A J E D I H R O V K A M A
G A R D E N I J A I K A E B
```

REGRAT	ŠOPEK
GARDENIJA	ORHIDEJA
JASMINA	MAK
LIJA	PASIJONKA
SONČNICA	POTONIKA
HIBISKUS	CVETNI LIST
SIVKA	PLUMERIA
LILA	VRTNICA
MAGNOLIJA	DETELJA
MARJETICA	TULIPAN

45 - Filantropia

```
P T P G G A N I V O D O G Z
O S R L K L N Y U O T T M D
Š O O O A L M W D F S R R O
T N G B N I J L I C R O F B
E Š R A I V S F Y G E C G R
N U A L D I A G U A D I M O
O D M N A Z S J O D S K I D
S O I O L Z L K T N T I S E
T K P D M I T J U T V T I L
F I N A N C E B U P A S J N
S L P O T R E B A D I N A O
N E S K U P N O S T J N G S
O V T Š E V O L Č G V E E T
S J E K G W O U M F P F N W
```

OTROCI
POTREBA
DOBRODELNOST
SKUPNOST
STIKI
FINANCE
SREDSTVA
VELIKODUŠNOST
MLADINA
GLOBALNO

SKUPINE
MISIJA
CILJI
POŠTENOST
LJUDJE
PROGRAMI
JAVNO
IZZIVI
ZGODOVINA
ČLOVEŠTVO

46 - Ecologia

```
N  N  V  F  E  Y  S  U  Z  W  Q  K  I  E
A  A  R  Z  A  I  V  O  V  J  A  U  G  I
R  R  S  T  Q  V  L  D  R  E  S  U  N  H
A  A  T  C  A  B  N  W  M  T  B  L  R  A
V  V  E  V  G  J  P  A  L  L  A  Š  U  S
A  N  I  W  I  K  S  R  O  M  R  S  G  P
N  I  I  H  O  R  E  Z  H  K  O  K  L  O
D  M  V  A  U  R  I  E  K  H  L  U  O  D
T  R  A  J  N  O  S  T  N  O  F  P  B  N
H  A  B  I  T  A  T  S  V  I  Y  N  A  E
M  Č  V  I  R  J  E  W  Z  H  O  L  B
R  A  S  T  L  I  N  E  L  A  A  S  N  J
R  A  Z  N  O  L  I  K  O  S  T  T  O  E
V  E  G  E  T  A  C  I  J  A  I  I  I  U
```

PODNEBJE	NARAVNI
SKUPNOSTI	MOČVIRJE
RAZNOLIKOST	RASTLINE
FAVNA	VIRI
FLORA	SUŠA
GLOBALNO	TRAJNOSTNO
HABITAT	VRSTE
MORSKI	SORTA
NARAVA	VEGETACIJA

47 - Discipline Scientifiche

```
A B B E W N P K L Z T L W S
M O D K V R T E Y E I L V O
I T G O I L N M M V I Z D C
N A S L D A K I N A H E M I
E N R O M K G J M Q I O Y O
R I I G M W J A P U Q Y H L
A K J I A N A T O M I J A O
L A A J I G O L O I B I N G
O R G A J I M E K O I B U I
G J E Z I K O S L O V J E J
I N E V R O L O G I J A F A
J M E T E O R O L O G I J A
A J I G O L O I Z I F J S B
T E R M O D I N A M I K A A
```

ANATOMIJA
BIOKEMIJA
BIOLOGIJA
BOTANIKA
KEMIJA
EKOLOGIJA
FIZIOLOGIJA

JEZIKOSLOVJE
MEHANIKA
METEOROLOGIJA
MINERALOGIJA
NEVROLOGIJA
SOCIOLOGIJA
TERMODINAMIKA

48 - Scienza

```
K  L  L  V  H  O  C  K  R  Q  N  E  J  D
G  F  T  Q  L  I  R  C  Q  W  M  W  E  E
L  F  H  G  R  V  P  G  A  S  S  E  C  J
K  L  I  T  R  R  P  O  A  W  G  D  U  S
J  E  C  P  E  A  A  N  T  N  Z  K  Q  T
E  J  B  E  N  D  O  P  F  E  I  L  Q  V
C  N  B  D  E  L  C  I  O  G  Z  Z  O  O
L  A  B  O  R  A  T  O  R  I  J  A  E  Q
I  V  F  Y  N  Q  F  N  A  R  A  V  A  M
S  O  H  I  K  T  A  D  O  P  B  Z  E  R
O  Z  L  E  Z  E  V  O  L  U  C  I  J  A
F  A  R  A  J  I  L  A  K  I  M  E  K  S
Z  P  U  O  S  U  K  S  O  P  U  N  W  I
M  O  T  A  Q  K  E  A  D  O  T  E  M  R
```

ATOM	FOSIL
KEMIKALIJA	HIPOTEZA
PODNEBJE	LABORATORIJ
PODATKI	METODA
POSKUS	NARAVA
EVOLUCIJA	ORGANIZEM
DEJSTVO	OPAZOVANJE
FIZIKA	DELCI

49 - Acqua

```
V R E K A D F J L D O L I Y
N L K D E Ž M O N S U N E G
T Y A B H Q J Y A Z U Z J D
N J W G F B J Z K M G E N S
Z I B V A D B Z R R I M A J
V A L O V I J H O Z A F V N
P I A G E J Z I R A O H E D
A E N R P Y T K E L C E R K
R E A P L U O Z Z F E A A P
A N K R M Z D W E W A B P I
P O P L A V A R J M N E Z A
V L A Ž N O O A L O N T I P
N A M A K A N J E T U P S V
E D F H J D S Q A C E F R R
```

POPLAVA
KANAL
PRHA
IZPAREVANJE
REKA
ZMRZAL
GEJZIR
LED
NAMAKANJE
JEZERO

MONSUN
SNEG
OCEAN
VALOVI
DEŽ
PITNO
VLAGA
VLAŽNO
ORKAN
PARA

50 - Boxe

```
R A S J Y F I F T A A Q V T
K O V B R C I O A Y I L H O
S N K Z T S V K K G R M J Č
P B A A K F R U T E L O O K
R O D S V E V S Z T U L D Č
E R A B P I I Z Č R P A N Z
T E R T W R C M K Y B G L V
N C B P J F O E B Q W O C O
O H I T R O P T Q R O V E N
S F Y N I W E C N Y D A L E
T J D R L V S W N I E B O C
K T G T G T T N F C K M M K
R L T S V E T I V O N B O O
K V B L H O Q S O D N I K H
```

SPRETNOST   MOČ
VOGAL   FOKUS
SODNIK   KOMOLEC
NASPROTNIK   ROKAVICE
BRCI   BRADA
ZVONEC   PEST
BOREC   TOČK
VRVI   HITRO
TELO   OBNOVITEV
IZČRPAN

51 - Imbarcazioni

```
Q S P P J A D R N I C A Q K
S W O L J J W V O I Y B O W
H U G I V O L A V A L P S A
Q E N M T N E A T C W O W L
A U J A A O G Q Q H K A N U
S I D R O B O R K T A S L B
G G I T O I S R A K A J A K
Q M V W Z M J E Z E R O O Z
W P B N Q G N M A J O B C W
S H W D O P L W W A T E E D
W R F Z T G R A N R O M A I
N A V T I Č N O A T M Z N D
K D I R R E K A K D A S O P
V G C W V J A M B O R C M Q
```

JAMBOR	MORJE
SIDRO	PLIMA
JADRNICA	MORNAR
BOJA	MOTOR
KANU	NAVTIČNO
VRV	OCEAN
POSADKA	VALOVI
REKA	TRAJEKT
KAJAK	JAHTA
JEZERO	SPLAV

52 - Chimica

```
E T J G O P K I J L G O V N
L S O Y V L I I K S M O T A
E C Q P D I D M S U V S G N
K C E I L N O K A L P L Q L
T E I N U O V M C I I F B A
R J O G U R T Q L O V N K K
O E N U G I W A K L O R A L
N D S T E K O Č I N A R A A
H R G O K S R H S Y U U U F
K S A O L N D M I C N E A B
T K L S F A N V K D A F M K
E O L S K G M O L E K U L A
Ž O P E I R Y Z G D W N V Y
A U Z A P O Y S L V B V M V
```

KISLINA   VODIK
ALKALNA   ION
ATOMSKI   TEKOČINA
TOPLOTA   MOLEKULA
OGLJIK   JEDRSKO
KLOR   ORGANSKI
ELEKTRON   KISIK
ENCIM   TEŽA
PLIN   SOL

53 - Api

```
H A R P I N T E V C S D Q A
A A N A R H T I K B C Z K E
J M B P H D E M R L D I M I
O O F I O L N T R V E B R N
C T M E T S I S O K E Ž R J
K V W B K A L O N L J D U S
R Z E U E L T K T R T I F Ž
A I T T K Q S I S U E W L F
L V O S E K A L I N V Q S S
J P A N J N R O R C C A T A
I S O N C E R N O J L U Q D
C D T Y S Q O Z K Y F A B J
A C Y B Z T J A K R I L A E
Q I J J R R N R C D D B U M
```

KRILA	DIM
PANJ	VRT
KORISTNO	HABITAT
VOSEK	ŽUŽELKE
HRANA	MED
RAZNOLIKOST	RASTLINE
EKOSISTEM	CVETNI PRAH
CVETJE	KRALJICA
CVET	ROJ
SADJE	SONCE

54 - Strumenti Musicali

```
T  B  M  K  C  K  K  P  C  E  L  D  P  F
R  A  A  I  O  E  L  O  Y  F  S  E  Z  P
O  N  N  T  B  G  W  A  B  M  I  R  A  M
M  J  D  A  O  O  V  T  R  T  R  C  K  T
B  O  O  R  A  K  N  O  C  I  R  F  L  O
O  U  L  A  N  R  H  G  L  Q  N  T  C  L
N  N  I  R  U  B  M  A  T  U  E  E  A  K
M  E  N  M  J  R  U  F  R  G  O  H  T  A
U  C  A  V  I  T  F  M  I  F  V  M  N  L
V  I  O  L  I  N  A  L  V  F  A  H  E  A
E  L  B  O  B  E  N  U  A  J  M  C  B  Y
A  G  N  O  G  W  J  D  L  V  S  D  O  B
D  R  B  C  R  Y  Z  H  K  A  T  T  R  R
N  O  F  O  S  K  A  S  U  B  K  A  T  N
```

ORGLICE	OBOA
HARFA	TOLKALA
BANJO	KLAVIR
KITARA	SAKSOFON
KLARINET	TAMBURIN
FAGOT	BOBEN
FLAVTA	TROBENTA
GONG	TROMBON
MANDOLINA	VIOLINA
MARIMBA	

55 - Professioni #2

```
R  A  Č  I  N  Ž  I  J  N  K  L  T  F  Z
A  F  A  B  L  Z  O  O  L  O  G  C  I  O
Z  P  U  I  H  U  A  Q  W  D  T  O  L  B
I  A  D  O  Y  P  S  P  T  W  T  M  O  O
S  P  E  L  H  O  R  T  O  L  I  P  Z  Z
K  I  P  O  I  G  R  U  R  I  K  L  O  D
O  F  N  G  J  M  P  J  R  A  V  K  F  R
V  O  Ž  L  R  Z  A  D  V  T  F  T  A
A  T  R  A  E  A  I  F  J  H  L  O  O  V
L  O  T  H  T  N  Y  F  K  D  E  U  R  N
E  G  N  P  I  I  I  E  N  I  P  S  C  I
C  R  A  P  Č  V  B  R  A  K  I  L  S  K
S  A  R  H  U  O  D  E  T  E  K  T  I  V
Z  F  C  K  I  N  V  A  R  D  Z  G  I  M
```

KNJIŽNIČAR	ILUSTRATOR
BIOLOG	INŽENIR
KIRURG	UČITELJ
ZOBOZDRAVNIK	ZDRAVNIK
DETEKTIV	PILOT
FILOZOF	SLIKAR
FOTOGRAF	RAZISKOVALEC
VRTNAR	ZOOLOG
NOVINAR	

56 - Letteratura

```
A N H C O P H D F C S R R Q
S K L E P E M L W G N T L E
U Y E I H S Z E J N E N M A
A U T Z P E Q B T I T F J J
A N O A J M G O L A I D U I
N Q A T O D K E N A F R Y D
A G O L S T E M A N I O L E
L E Z Z I G O L M L E T R G
O B D K P Z D B O V J V Ž A
G W G W O J A M R I M A A R
I P O E T I Č N O W S C N T
J B I O G R A F I J A C R R
A M N G P R I M E R J A V A
U B C F P R I T E M B I Q Y
```

ANALIZA
ANALOGIJA
ANEKDOTA
AVTOR
BIOGRAFIJA
SKLEP
PRIMERJAVA
OPIS
DIALOG
ŽANR

METAFORA
MNENJE
PESEM
POETIČNO
RIMA
RITEM
ROMAN
SLOG
TEMA
TRAGEDIJA

57 - Cibo #2

```
R O G G Š H J F S F H J C B
A I W Y C U Y J E I K A P R
P Q B F F R N S C U I B H O
R A F E R K C K J W V O J K
G R O Z D J E P A M I L A O
R I I Y Č E V A J J A K N L
I S F O O U E R G B N O E I
Ž B Z M K S Č A O M A Š L J
O T W E O M J D B W N R E H
O N G Y L Z A I A Y A A Z Č
D L S F A R J Ž H F B Q M V
N P Z C D C E N A Č Š I P I
R R Q S A R S I I N T Q A D
P Š E N I C A K J O G U R T
```

BANANA
BROKOLI
ČEŠNJA
ČOKOLADA
SIR
GOBA
PŠENICA
KIVI
JABOLKO
JAJČEVEC

KRUH
RIBE
PIŠČANEC
PARADIŽNIK
ŠUNKA
RIŽ
ZELENA
JAJCE
GROZDJE
JOGURT

58 - Nutrizione

```
O  R  S  U  J  H  N  D  A  F  U  G  Y  V
V  M  A  P  E  T  I  T  O  E  R  R  W  D
I  O  A  V  A  B  E  R  P  R  A  E  S  N
T  S  U  K  O  P  J  C  V  M  V  N  I  D
A  W  B  H  A  Q  V  C  C  E  N  K  H  T
M  B  D  T  Z  H  A  A  U  N  O  O  R  K
I  Z  H  E  F  B  R  N  F  T  T  C  A  A
N  I  L  Ž  N  Q  D  I  V  A  E  Z  N  L
L  J  T  A  V  I  Z  S  P  C  Ž  D  I  O
U  Ž  I  T  N  A  Č  K  C  I  E  R  L  R
Z  A  Č  I  M  B  E  O  A  J  N  A  O  I
K  A  K  O  V  O  S  T  K  A  O  V  Z  J
E  N  I  V  O  K  A  J  L  E  B  Z  Z  S
B  U  T  J  Z  P  L  J  O  A  T  E  I  D
```

GRENKO
APETIT
URAVNOTEŽENO
KALORIJ
UŽITNA
DIETA
PREBAVA
FERMENTACIJA
OKUS
TEKOČINE

HRANILO
TEŽA
BELJAKOVINE
KAKOVOST
OMAKA
ZDRAVJE
ZDRAV
ZAČIMBE
TOKSIN
VITAMIN

59 - Matematica

```
O  J  P  A  E  N  Č  B  A  H  M  H  O
G  L  Z  R  R  F  F  Y  U  J  T  F  M  B
Y  L  D  H  E  I  H  C  N  G  B  G  V  S
V  S  O  T  A  M  T  A  R  D  A  V  K  E
O  S  B  F  N  U  E  M  I  N  U  O  S  G
Y  R  O  R  W  F  L  R  E  U  Y  N  I  E
K  O  T  I  D  U  O  O  T  T  R  T  I  K
B  V  F  S  P  D  Z  K  M  Z  I  O  T  S
V  Z  P  O  R  E  D  N  O  E  F  K  E  P
P  O  L  M  E  R  P  S  K  E  K  O  A  O
P  R  A  V  O  K  O  T  N  I  K  V  L  N
G  E  O  M  E  T  R  I  J  A  D  A  A  E
D  E  C  I  M  A  L  N  O  I  V  R  S  N
W  A  Z  C  D  N  O  G  I  L  O  P  D  T
```

KOTI	VZPOREDNO
ARITMETIKA	OBSEG
OBOD	PRAVOKOTNO
DECIMALNO	POLIGON
PREMER	KVADRAT
ENAČBA	POLMER
EKSPONENT	PRAVOKOTNIK
ULOMEK	VSOTA
GEOMETRIJA	

60 - Meditazione

```
P  P  O  Z  O  R  N  O  S  T  G  W  L  F
H  R  I  M  U  S  P  R  E  J  E  M  Q  G
A  A  I  O  P  A  Z  O  V  A  N  J  E  C
R  U  E  J  N  A  H  I  D  K  A  Q  H  A
R  L  G  D  A  V  A  R  A  N  V  P  D  V
G  I  Q  R  G  Z  D  U  Š  E  V  N  O  I
S  L  I  Ž  Y  O  N  J  A  S  N  O  S  T
L  S  A  A  E  U  E  O  I  V  O  U  J  K
D  I  D  S  E  A  R  L  S  U  J  T  O  E
M  M  G  Q  B  Z  I  F  K  T  L  L  I  P
G  W  W  Q  J  A  M  B  A  P  J  E  K  S
S  O  Č  U  T  J  E  J  N  A  B  I  G  R
Č  U  S  T  V  A  N  I  Š  I  T  S  L  E
H  V  A  L  E  Ž  N  O  S  T  Z  O  E  P
```

SPREJEM
POZORNOST
MIREN
JASNOST
SOČUTJE
ČUSTVA
PRIJAZNOST
HVALEŽNOST
DUŠEVNO
UM

GIBANJE
GLASBA
NARAVA
OPAZOVANJE
MIR
MISLI
DRŽA
PERSPEKTIVA
DIHANJE
TIŠINA

61 - Elettricità

```
S K M E T B A T E R I J A N
V O O L T E J W K E J Ž J E
E L R E E J L Z S S W A J G
T I V K L Ž K E A A A R P A
I Č I T E E N K F L C N O T
L I T R V R S A I O I I Z I
K N E I I M Z B L M N C I V
A A M Č Z O P E Y A Č A T N
R M D A I D Z L D M I H I O
G M E R J N M I V A T Q V J
T S R R A C B Y T G V I E Ž
I R P T P D M D Y N J N N I
W U Y S R O T A R E N E G C
J E P H I N Č I R T K E L E
```

OPREMA
BATERIJA
KABEL
ELEKTRIČAR
ELEKTRIČNI
ŽICE
GENERATOR
SVETILKA
ŽARNICA
LASER

MAGNET
NEGATIVNO
PREDMETI
POZITIVEN
VTIČNICA
KOLIČINA
OMREŽJE
TELEFON
TELEVIZIJA

62 - Antiquariato

```
S V O U V R E D N O S T E N
T E K U M O B N O V A D Z Z
O R R D H E G A L E R I J A
L O A Q O V T Š I H O P O N
E D S P Y I C N A V O K G E
T O N P K E B Ž O L A N O C
J S A P D Y J P C S C R P Q
E T S O V O K A K N T A U N
M O T J D E S E T L E T J A
W J K Z C G S K N V A S Y B
O N D A V A N E N F Q E H Ž
L O V T S R A P I K D M E A
E L E G A N T N O B R S A R
V E N S L O G S R S R L P D
```

UMETNOST
DRAŽBA
VERODOSTOJNO
POGOJ
DESETLETJA
OKRASNA
ELEGANTNO
GALERIJA
NENAVADNO
NALOŽBE

POHIŠTVO
KOVANCI
CENA
KAKOVOST
OBNOVA
KIPARSTVO
STOLETJE
SLOG
VREDNOST
STAR

63 - Escursionismo

```
P P H K K O M A R J I Y I R
O I N M A K Z Z B O C P J A
D Q E W V M V H Z W O P N Q
N J J Z A U P N E O P L R Y
E M U B R R A I K I N D O V
B V R H A K G T R T O N K K
J H T C N K P S Y A E G Š B
E C U K Z A O O Q S N Ž B V
G Ž M L C F W N L J Y J K M
O E I C A V A R P I R P E A
R G Q V Z B P A G J C A C L
A B Y T A D O V W V R N D
D I V E J L M E Z I H K O V
L L H P N W I N Z D D I S K
```

VODA	TEŽKA
ŽIVALI	KAMNI
KAMPIRANJE	PRIPRAVA
PODNEBJE	DIVJI
VODNIKI	SONCE
ZEMLJEVID	UTRUJEN
GORA	ŠKORNJI
NARAVA	VRH
PARKI	KOMARJI
NEVARNOSTI	

64 - Professioni #1

```
Z B F O D V E T N I K K L G
N A Z A K L A S E L P A O L
A N J B R E N E R T I R V A
N K U W A M N P A F A T E S
S I F K N J A S L K N O C B
T R L U R S Q C T H I G A E
V G O L O E G K E B S R S N
E K B I M T J T R V T A T I
N V O D O V O D A R T F R K
I V A M B A S A D O R J O D
K U R E D N I K O D F S N U
Z L A T A R P Z J A Q O O K
P S I H O L O G W Q N Z M J
O W D U M E T N I K E K F W
```

TRENER
AMBASADOR
UMETNIK
ASTRONOM
ODVETNIK
PLESALKA
BANKIR
LOVEC
KARTOGRAF
UREDNIK

FARMACEVT
GEOLOG
ZLATAR
VODOVODAR
MORNAR
GLASBENIK
PIANIST
PSIHOLOG
ZNANSTVENIK

65 - Antartide

```
T Z U S E S A C E L I N A L
U E N E K S P E D I C I J A
T J M A O H R A N J A N J E
D L R P N M I N E R A L I P
V O D A E S L E D E N I K I
S K I J Z R T D C I F O O O
L O B I A V A V K J K T T B
T M Q C L Y H T E N T O O L
K T L A I R D Y U N K K L A
D I M R V P R K P R I I O K
L F T G D A V V Z R A J P I
L E D I G E O G R A F I J A
N G W M S K A L N A T A B M
R A Z I S K O V A L E C O P
```

VODA	MIGRACIJA
OKOLJE	MINERALI
ZALIV	OBLAKI
KITI	POLOTOK
OHRANJANJE	RAZISKOVALEC
CELINA	SKALNATA
GEOGRAFIJA	ZNANSTVENI
LEDENIKI	EKSPEDICIJA
LED	TEMPERATURA
OTOKI	

66 - Libri

```
C R U Š A L J I V S I D Z R
U C L J Z H Q V D E Z V G E
P E R O Y C O H C R N O O L
P O T O P I T E V I A J D E
Y E W E F Q S Z G J J N O V
A V T O R C K O O A D O V A
J T J C W H E E N K L S I N
Z B I R K A T L R K J T N T
P I S N O B N E A J I A S N
O H I L B D O P R R V G K O
L G P Z J O K S E O B O I I
D W Y C O G I K T M E S E P
G G N P E Z K I I A N E G U
T R A G I Č N O L N A R T S
```

AVTOR
ZBIRKA
KONTEKST
DVOJNOST
EPSKI
POTOPITEV
IZNAJDLJIV
LITERARNO
BRALEC
STRAN

PESEM
RELEVANTNO
ROMAN
PISNO
SERIJA
ZGODBA
ZGODOVINSKI
TRAGIČNO
ŠALJIV

67 - Geografia

```
I  P  C  U  U  U  G  N  B  K  W  C  E  Q
H  O  T  P  M  Y  U  H  L  I  M  R  F  L
Y  L  R  E  G  I  J  A  A  N  I  Š  I  V
H  O  G  B  V  G  K  K  K  V  L  R  N  B
O  B  O  V  G  S  R  E  V  E  S  R  S  B
M  L  R  O  A  A  D  R  Z  N  P  N  Z  C
O  A  A  E  C  L  D  I  F  D  N  S  H  A
R  R  J  J  I  T  V  N  N  L  V  D  I  Q
J  O  E  L  G  A  Y  F  D  O  H  A  Z  O
E  T  C  M  E  S  T  O  J  P  U  V  Y  T
H  A  I  E  M  M  C  E  L  I  N  A  D  O
Y  V  V  Z  A  F  Z  H  F  M  W  Ž  Z  K
N  K  Y  O  C  N  O  F  E  N  K  R  S  K
S  E  Z  E  M  L  J  E  V  I  D  D  B  Z
```

VIŠINA	POLDNEVNIK
ATLAS	SVET
MESTO	GORA
CELINA	SEVER
POLOBLA	OCEAN
EKVATOR	ZAHOD
REKA	DRŽAVA
OTOK	REGIJA
ZEMLJEVID	JUG
MORJE	OZEMLJE

68 - Cibo #1

```
S  M  Q  Š  R  G  V  Č  E  S  E  N  B  Y
O  S  E  M  P  P  C  A  A  D  O  G  A  J
L  G  L  D  Q  I  L  S  P  F  K  C  Z  Z
U  W  E  I  S  I  N  V  E  A  O  I  I  Q
N  B  E  A  O  N  E  A  R  P  R  M  L  T
U  D  F  Q  L  I  M  L  Č  B  E  E  I  S
S  T  B  T  A  U  Č  U  S  A  N  T  K  L
W  O  S  O  T  Q  E  B  Y  K  J  H  A  A
J  T  K  R  A  T  J  E  Z  Š  E  P  T  D
F  Y  B  T  T  N  N  Č  U  U  P  H  E  K
Y  R  C  A  U  Z  O  Z  N  R  E  W  M  O
S  Z  M  L  N  S  H  M  P  H  D  C  N  R
C  K  K  L  A  K  P  W  I  R  A  M  Z  I
E  N  M  L  E  K  O  U  W  L  I  T  W  J
```

ČESEN	META
BAZILIKA	JEČMEN
CIMET	HRUŠKA
MESO	REPA
KORENJE	SOL
ČEBULA	ŠPINAČA
JAGODA	SOK
SOLATA	TUNA
MLEKO	TORTA
LIMONA	SLADKOR

69 - Aeroplani

```
S A T M O S F E R A F K U G
V E Z G O D O V I N A R U I
A W S R I P O H F K I D O V
P Y E T Y I I A R E M S V G
U N Y Y O Q S L O N W V I R
A O V M D P H O O A P I R A
P M O T O R Y W B T K Š O D
N O L A B E Z O E S F I G N
T U S B P G O Y N I B N N J
C N J A Z I D K A R Z A B A
Q C Z D D V T B N P Q G O Z
L Q E Q A K I N T O P L W H
N E J Z I J A N A P I H N I
P U S T O L O V Š Č I N A W
```

VIŠINA
ZRAK
ATMOSFERA
PRISTANEK
PUSTOLOVŠČINA
GORIVO
NEBO
GRADNJA
DIZAJN
SMER

SESTOP
POSADKA
NAPIHNI
VODIK
MOTOR
BALON
POTNIK
PILOT
ZGODOVINA

70 - Governo

```
E N A K O S T S Y T Z M N P
O A J I C A R K O M E D E O
V Z M O S D A S A D Z N O L
T A O N H H A B K H N E D I
S Y Z L V Z V J I D Q I V T
N A C I O N A L N I O V I I
A V J V E C T O E N N B S K
J A S I G G S B M V C W N A
L Ž V C S N U M O A J D O V
V R O O I U G I P R T D S F
A D B B K B K S S P C Y T Q
Ž O O V A R P S G O V O R O
R S D O P P A W I T W A W I
D P A K E E J J U D S L P R
```

VODJA	PRAVO
DRŽAVLJANSTVO	SVOBODA
CIVILNO	SPOMENIK
USTAVA	NACIONALNI
DEMOKRACIJA	DRŽAVA
GOVOR	POLITIKA
DISKUSIJA	OKRAJ
SODNI	SIMBOL
NEODVISNOST	ENAKOST
PRAVNI	

71 - Bellezza

```
V Z K K P O E K M V F E H B
Z H O O D L L O D I L E E A
I P L D Z J E Z I I L S I R
F Z A R Q A G M B P Q O S V
W I D I A Z A E H A O E S A
Z W E E L Z N T M R E Y W T
B K L N L U C I Š A N C I I
A N G S V K E K W K J Z E Q
V R O G B Z O A Z S A K J K
S T I L I S T V H A V R A Č
L U A Z G P N O P M A Š J N
E L E G A N T N O V Š W N E
K O Ž A K N I M Š M I L O F
S T O R I T V E J F D A V Q
```

BARVA	KOŽA
KOZMETIKA	IZDELKOV
ELEGANTNO	VONJ
ELEGANCE	KODRI
ČAR	ŠMINKA
ŠKARJE	STORITVE
DIŠAVA	ŠAMPON
MILOST	OGLEDALO
MASKARA	STILIST
OLJA	

72 - Avventura

```
I  T  I  N  E  R  A  R  I  N  G  Z  T  N
N  E  N  A  V  A  D  N  O  Z  R  N  S  O
P  R  I  L  O  Ž  N  O  S  T  Z  U  O  V
N  I  T  G  M  I  D  R  V  A  T  I  N  O
A  T  Z  E  A  Z  T  D  E  J  Y  N  V  J
V  B  A  A  J  L  S  N  S  I  H  U  I  I
D  G  F  V  N  E  O  C  E  C  D  F  T  R
U  S  R  A  A  T  N  I  L  A  S  O  K  M
Š  I  G  R  V  R  V  L  J  G  J  G  A  U
E  L  E  P  O  T  A  J  E  I  G  S  O  G
N  V  Q  I  T  K  Ž  N  E  V  A  R  N  O
J  A  M  R  O  V  E  I  D  A  F  P  O  P
E  V  C  P  P  Z  T  S  O  N  R  A  V  Q
P  R  I  J  A  T  E  L  J  I  A  Q  A  U
```

PRIJATELJI	ITINERAR
AKTIVNOST	NARAVA
LEPOTA	NAVIGACIJA
POGUM	NOVO
CILJ	PRILOŽNOST
TEŽAVNOST	NEVARNO
NAVDUŠENJE	PRIPRAVA
IZLET	IZZIVI
VESELJE	VARNOST
NENAVADNO	POTOVANJA

73 - Forme

```
L Z S F K P O L I G O N P W
Q J Y H B V N U Z L O B R F
R C D K L L A R E F S E A Q
E O R S T A R D F V E L V F
B V B F T G T W R V J I O T
Q A J O T O S P P A U P K R
Z J L A V V Ž C L L T S O I
T L O D V I I E G O O A T K
W U D I L O K U C B V K N O
Q V M M F T K R Č R A C I T
V I A A D J D G R E L O K N
R R P R I Z M O T P N K J I
U K C I G T O R A I A T G K
E S O P U I W K M H C L A W
```

VOGAL

LOK

ROBOVI

KROG

VALJ

STOŽEC

KOCKA

KRIVULJA

ELIPSA

HIPERBOLA

STRAN

ČRTA

OVALNA

PIRAMIDA

POLIGON

PRIZMO

KVADRAT

PRAVOKOTNIK

SFERA

TRIKOTNIK

74 - Oceano

```
O L S I S M O U F B Q R M Y
P M P Z T K D H H Y U H Z I
R A K M D E I F K U E B I R
A J L U G E J G I K G I M I
E R Y S K Ž L A T H I V E N
K O Z I C A E F J E R V Z M
E L C F Y S O L I V T H U O
G W P M H B I R V N S O D R
H O B O T N I C A A O P E S
O G P L I M O V A N J E M K
D C K O R A L E O N Q N S I
G R E B E N L O Č L D T R P
G O B A L U O N R G A I N E
S G B C J T S L Y J O V Y S
```

JEGULJA
KIT
ČOLN
KORALE
DELFIN
KOZICA
RAK
PLIMOVANJE
MEDUZE
VALOVI

OSTRIGE
RIBE
HOBOTNICA
SOL
GREBEN
GOBA
MORSKI PES
ŽELVA
NEVIHTA
TUNA

75 - Famiglia

```
O T R O C I O J R O O R K M
S E S T R A T D C Č Č H N A
G T Ž E N A R I K E E J G T
J F E F F S O D W T B Q R I
C I R T S B Š E Z O Y R P L
E S K M A A T D B V C Z F K
H C R A H B V E R S W O Z U
C Č I T H I O K A K A Č E N
W A I E E C H M T I V R C V
A L E R R A P R E D N I K H
K C E N A R T A R B G J H S
O V W A B O M N D F A T C J
J K P M E U J O F O T R O K
A R T R K S M S Ž N P A J L
```

PREDNIK
OTROCI
OTROK
BRATRANEC
HČI
BRAT
OTROŠTVO
MATI
MOŽ
MATERNA

ŽENA
NEČAK
VNUK
BABICA
DEDEK
OČE
OČETOVSKI
SESTRA
TETA
STRIC

76 - Creatività

```
V  I  J  L  D  J  A  N  Z  I  K  K  L  B
D  N  O  N  Č  I  T  A  M  A  R  D  A  V
C  T  S  O  N  T  S  I  R  P  C  Q  G  I
K  E  T  U  Č  B  O  N  A  T  N  O  P  S
R  N  J  F  Q  G  N  I  Z  R  A  Z  S  I
C  Z  I  G  O  R  D  S  E  N  Z  P  P  N
H  I  D  V  A  N  I  C  L  P  I  F  R  T
J  V  Č  U  C  P  U  Q  K  I  Z  Z  E  U
A  N  J  U  V  S  L  Z  C  T  K  R  T  I
S  O  T  Q  S  I  F  V  D  H  Y  A  N  C
N  S  K  C  Q  T  Z  T  Z  B  G  G  O  I
O  T  L  M  D  V  V  I  M  V  U  D  S  J
S  T  N  U  U  R  P  A  J  W  V  V  T  A
T  A  O  E  Z  M  B  K  I  E  J  E  D  I
```

SPRETNOST	VTIS
PRISTNOST	INTENZIVNOST
JASNOST	INTUICIJA
DRAMATIČNO	IZNAJDLJIV
ČUSTVA	NAVDIH
IZRAZ	OBČUTEK
FLUIDNOST	SPONTANO
IDEJE	VIZIJE
SLIKA	

77 - Veicoli

```
H E L I K O P T E R R A M K
B E I L A E F E W O A V N A
A Q Q N L E Z U M T K T M R
H V R L V G V F Z K E O O A
E C T K E J A R T A T B T V
K R O O L A T E L R A U O A
I U I M N S Z Y E T V S R N
T T O V O R N J A K I K E A
A M B U L A N T A F E O T S
M T M O Q V T L C G G L U N
V A L P S Q H T O P C O K P
E K V V Z D O I O Č Y M S B
N S A D A C I N R O M D O P
P I I S Q N G G G V T N M V
```

LETALO	MOTOR
AMBULANTA	PNEVMATIKE
AVTO	RAKETA
AVTOBUS	SKUTER
ČOLN	PODMORNICA
KOLO	TAKSI
TOVORNJAK	TRAJEKT
KARAVANA	TRAKTOR
HELIKOPTER	VLAK
VAN	SPLAV

78 - Emozioni

```
B  S  Z  A  D  O  V  O  L  J  N  I  Z  P
L  L  O  P  R  I  J  A  Z  N  O  S  T  R
Z  H  A  Č  S  P  R  O  Š  Č  E  N  J  E
F  V  W  Ž  U  G  R  Q  I  P  N  A  E  S
N  A  R  K  E  T  S  O  N  Ž  E  N  Z  E
A  L  Ž  E  P  N  J  Q  D  Z  R  I  A  N
V  E  A  J  L  E  O  E  I  N  I  B  C  E
D  Ž  L  L  B  I  Z  S  Z  E  M  E  M  Č
U  E  O  E  Y  F  E  O  T  Z  Y  S  O  E
Š  N  S  S  Q  N  K  F  K  E  T  V  D  N
E  V  T  E  M  B  D  U  M  B  J  W  F  J
N  L  P  V  I  L  P  Z  T  U  C  R  W  E
O  C  H  A  R  T  S  S  Z  J  K  J  G  K
E  Y  P  J  F  T  S  D  O  L  G  Č  A  S
```

LJUBEZEN
BLAŽENOST
MIREN
VSEBINA
NAVDUŠEN
PRIJAZNOST
VESELJE
HVALEŽEN
DOLGČAS
MIR

STRAH
JEZA
SPROŠČEN
RELIEF
SOČUTJE
ZADOVOLJNI
PRESENEČENJE
NEŽNOST
ŽALOST

79 - Balletto

```
Z  C  I  Z  R  A  Z  N  O  C  U  P  T  T
U  M  E  T  N  I  Š  K  A  B  O  L  E  I
R  O  B  Č  I  N  S  T  V  O  O  E  H  N
E  W  N  G  D  Z  L  N  Q  L  Q  S  N  T
T  T  M  R  L  V  Q  K  U  E  L  A  I  E
S  J  L  E  T  A  D  A  L  K  S  L  K  N
E  P  V  G  O  L  S  K  K  C  T  C  A  Z
K  O  R  V  M  P  E  B  M  I  E  I  F  I
R  S  M  E  B  A  Q  F  A  J  A  V  H  V
O  E  Y  C  T  C  C  T  D  E  E  M  R  N
S  A  U  I  A  N  I  R  E  L  A  B  I  O
S  U  R  Š  A  S  O  O  D  Z  D  Q  T  S
S  K  Y  I  P  C  V  S  Z  W  G  J  E  T
T  G  F  M  J  T  W  A  T  S  E  G  M  F
```

SPRETNOST	LEKCIJE
APLAVZ	MIŠICE
UMETNIŠKA	GLASBA
BALERINA	ORKESTER
PLESALCI	VAJA
SKLADATELJ	OBČINSTVO
IZRAZNO	RITEM
GESTA	SLOG
INTENZIVNOST	TEHNIKA

80 - Paesi #1

```
Š  K  A  R  I  C  C  D  T  Y  N  U  M  P
R  P  A  K  Š  E  V  R  O  N  E  V  A  A
O  F  A  M  M  W  B  L  N  B  M  M  R  N
M  I  J  N  B  A  I  J  Q  A  Č  T  O  A
U  N  I  P  I  O  L  V  Y  L  I  Q  K  M
N  S  B  P  L  J  D  I  Y  M  J  T  O  A
I  K  I  N  Y  J  A  Ž  A  P  A  P  K  F
J  A  L  A  F  O  L  E  A  R  Z  I  A  I
A  J  I  L  I  Z  A  R  B  W  K  G  N  N
R  A  Y  U  I  N  G  Z  F  V  K  E  A  D
V  E  N  E  Z  U  E  L  A  I  Z  L  D  I
W  H  K  H  M  A  N  T  E  I  V  O  A  J
C  M  B  A  J  Q  E  Y  T  B  C  Z  S  A
R  N  T  Y  A  K  S  J  L  O  P  D  P  N
```

BRAZILIJA	MALI
KAMBODŽA	MAROKO
KANADA	NORVEŠKA
EGIPT	PANAMA
FINSKA	POLJSKA
NEMČIJA	ROMUNIJA
INDIJA	SENEGAL
IRAK	ŠPANIJA
IZRAEL	VENEZUELA
LIBIJA	VIETNAM

81 - Geometria

```
L I J V N K I N T O K I R T
V O Z I M O W A D V S S E E
B N G R D G L Q I Z E U M O
P Č O I A N M B M P G M E R
E I R P K Č K H E O M E R I
Ž P K V M A U A N R E D P J
E V F I O Q R N Z E N I B A
L A H Y Y D O J I D T A V N
E N A Č B A O J J N O N U I
D G C O H B V R A O K A Z Š
Š T E V I L K A A Y V B Z I
K R I V U L J A H V Q M Z V
S I M E T R I J A D N T I L
P O V R Š I N A Z T G O T W
```

VIŠINA	ŠTEVILKA
KOT	VODORAVNO
IZRAČUN	VZPOREDNO
KROG	DELEŽ
KRIVULJA	SEGMENT
PREMER	SIMETRIJA
DIMENZIJA	POVRŠINA
ENAČBA	TEORIJA
LOGIKA	TRIKOTNIK
MEDIANA	NAVPIČNO

82 - Foresta Pluviale

```
D  R  A  Z  N  O  L  I  K  O  S  T  C  T
K  Ž  Ž  M  A  H  W  C  L  H  D  G  F  S
A  Q  U  U  D  V  O  Ž  I  V  K  E  E  O
P  E  Y  N  Ž  V  O  P  L  W  B  D  T  N
T  E  W  Z  G  E  E  J  B  E  N  D  O  P
I  Z  A  T  O  L  L  O  J  J  A  Z  N  U
C  A  U  C  J  B  A  K  Y  N  V  A  D  K
E  L  Y  P  O  D  N  R  E  A  T  T  E  S
S  E  S  A  L  C  I  O  G  J  O  O  R  O
Q  W  L  V  P  P  K  Y  V  N  H  Č  V  L
B  O  T  A  N  I  Č  N  I  A  T  I  P  N
E  T  S  R  V  D  E  F  B  R  O  Š  Q  A
O  B  L  A  K  I  F  G  G  H  N  Č  P  S
Q  N  H  N  A  A  L  M  Q  O  A  E  M  V
```

DVOŽIVKE	MAH
BOTANIČNI	NARAVA
PODNEBJE	OBLAKI
SKUPNOST	OHRANJANJE
RAZNOLIKOST	VREDNO
DŽUNGLA	OBNOVA
AVTOHTONA	ZATOČIŠČE
ŽUŽELKE	VRSTE
SESALCI	PTICE

83 - Edifici

```
S H K N V A L Z D S G R A D
G T S K E D E N J U V K L D
A A A G Y Y T U I P I K O Z
L J A D B N S W M E E L Š B
S I N J I R O T A R O B A L
J T R Z D O H T S M N U C E
L E A V H E N J T A I N I T
Z M V N D G V Q O R K I N O
U K O F O C N O L K V V Š H
Z A T M G V P Š P E O E I J
K A B I N A A T O T C R N M
C B N I I P M N L T J Z L J
S J M S J J H G J F O A O J
M U Z E J A I N R E F R B R
```

STANOVANJE	MUZEJ
KABINA	BOLNIŠNICA
GRAD	HOSTEL
KINO	ŠOLA
TOVARNA	STADION
KMETIJA	SUPERMARKET
SKEDENJ	ŠOTOR
HOTEL	STOLP
LABORATORIJ	UNIVERZA

84 - Paesi #2

```
D A N S K A A L B A N I J A
E T I O P I J A P Y G K S G
Q U L M J C Y M A J I S U R
F K T G O N H P U H B U D O
M R N I T I A H W D H T A L
E A I L N A T S I K A P N I
H J G A A D G V H E T P U B
I I E P P O O R P B U N G E
K N R E U D S N Č H T U A R
A A I N I L Y Y E I A C N I
E A J I R I S W D Z J S D J
Q R A B S C V M I Y I A A A
S E V A K J A M A J U J M Z
Q P D K A K S N O P A J A J
```

ALBANIJA
DANSKA
ETIOPIJA
JAMAJKA
JAPONSKA
GRČIJA
HAITI
INDONEZIJA
IRSKA
LAOS

LIBERIJA
MEHIKA
NEPAL
NIGERIJA
PAKISTAN
RUSIJA
SIRIJA
SUDAN
UKRAJINA
UGANDA

85 - Tipi di Capelli

```
T  Z  I  M  M  D  K  Z  P  D  G  F  K  J
Y  T  A  E  S  L  O  W  T  A  G  A  N  C
U  E  U  H  Z  H  D  Z  L  H  I  N  W  C
B  V  J  K  I  T  R  K  E  T  A  R  K  D
E  B  A  O  U  T  I  E  B  H  H  Č  G  O
L  N  L  L  F  G  S  N  E  T  I  K  S  L
A  S  I  O  O  G  L  A  D  K  O  E  C  G
L  Y  H  L  N  V  V  T  R  M  A  C  C  A
Z  D  R  A  V  D  I  Q  P  D  Z  Y  Q  H
F  C  Q  V  G  I  R  T  L  E  O  Q  N  U
G  Y  O  I  W  O  J  Q  A  Y  L  K  G  S
Q  W  O  S  D  V  A  P  L  E  Š  A  S  T
T  Y  L  Z  L  O  V  S  R  E  B  R  O  Z
P  L  E  T  E  N  O  S  Z  D  N  A  F  S
```

SREBRO	RJAV
SUHA	MEHKO
BELA	ČRNA
BLOND	VALOVITA
KRATEK	KODRASTI
PLEŠAST	KODRI
SIVA	ZDRAV
PLETENO	TANEK
GLADKO	DEBEL
DOLGA	KITE

86 - Vestiti

```
P  I  Ž  A  M  E  Š  A  L  F  M  E  N  T
K  I  N  S  A  P  D  E  R  P  V  N  N  B
U  J  C  A  U  C  U  R  J  H  K  D  S  L
B  L  Y  R  D  T  J  Č  Š  A  L  P  A  U
O  G  Q  U  T  H  L  A  Č  E  K  Z  I  Z
L  S  B  W  Y  N  E  K  R  Y  R  N  L  A
K  R  I  L  O  H  V  E  E  S  O  Z  A  U
J  P  B  T  D  T  E  L  V  C  K  N  D  B
O  Q  V  U  B  E  Č  B  O  T  A  V  N  K
O  G  R  L  I  C  A  O  L  O  V  P  A  S
M  J  L  I  P  I  P  I  U  S  I  T  S  Z
L  O  J  Q  N  W  C  N  P  P  C  S  Q  Q
V  R  D  R  A  C  I  N  T  S  E  P  A  Z
E  I  H  A  K  A  V  B  O  J  K  E  B  Q
```

OBLEKA	PREDPASNIK
ZAPESTNICA	ROKAVICE
BLUZA	KAVBOJKE
SRAJCA	PULOVER
KLOBUK	MODA
PLAŠČ	HLAČE
PAS	PIŽAME
OGRLICA	SANDALI
JAKNA	ČEVELJ
KRILO	ŠAL

87 - Attività e Tempo Libero

```
R G T Y M U L L A B E S A B
I E O E O U G A K J O B D O
B I V L N R H C I H F K S D
O E I J F I Y D L Y M U S Z
L D M T D A S N S Y W T I V
O K O Š A R K A M K L Z J F
V O V T Š I N D O H O P C B
P L E E J N A J L P A T O P
L D Q M I W G H V A Q Q H D
S P R O Š Č U J O Č E L O R
B R V G D E S K A N J E B N
D Q B O U M E T N O S T I G
T E J N A V A L P M R L J H
N A K U P O V A N J E J I Q
```

UMETNOST
BASEBALL
KOŠARKA
BOKS
NOGOMET
POHODNIŠTVO
GOLF
HOBIJI
POTAPLJANJE

PLAVANJE
ODBOJKA
RIBOLOV
SLIKA
SPROŠČUJOČE
NAKUPOVANJE
DESKANJE
TENIS

88 - Arte

```
I  S  K  R  E  N  I  J  G  G  N  U  S  T
K  O  M  P  L  E  K  S  W  P  A  S  I  J
V  I  Z  U  A  L  N  O  D  O  V  T  M  R
N  I  Z  V  I  R  N  I  K  E  D  V  B  A
A  P  F  A  G  Z  F  E  B  Z  I  A  O  Z
D  R  Z  O  R  I  Z  F  J  I  H  R  L  P
R  E  Q  T  O  Z  F  Y  K  J  N  I  W  O
E  D  R  S  A  I  I  H  S  A  J  T  P  L
A  M  S  O  O  S  E  B  N  O  E  I  D  O
L  E  L  R  S  L  I  K  E  H  N  D  G  Ž
I  T  I  P  K  E  R  A  M  I  K  A  E  E
Z  A  K  E  S  E  S  T  A  V  A  S  E  N
E  R  A  R  B  R  U  Z  P  K  O  G  G  J
M  K  I  P  A  R  S  T  V  O  W  G  P  E
```

KERAMIKA
KOMPLEKS
SESTAVA
USTVARITI
SLIKE
IZRAZ
SLIKA
NAVDIHNJEN
ISKREN
IZVIRNIK

OSEBNO
POEZIJA
KIPARSTVO
PREPROSTO
SIMBOL
PREDMET
NADREALIZEM
RAZPOLOŽENJE
VIZUALNO

89 - Meteo

```
O R E T E V G M O R G P U Z
K S C R A R N O D A N R O T
J E P O B E N N N T S O S I
V W Q P G D C S P H M U I K
M D E S S P E U K I S L H I
P G M K T N O N J V C W Q A
F A J I R P A L G E M L E D
I B J N E O P P A N T A H W
B P J A L Y B O E R S U Š A
S Y D K E P V L Z K N C H Z
M A V R I C A Q A J T I D F
A T M O S F E R A K T P W F
Y T E M P E R A T U R A Z N
V E T R I Č P O D N E B J E
```

MAVRICA
SUHA
ATMOSFERA
VETRIČ
NEBO
PODNEBJE
STRELE
LED
MONSUN
MEGLA

OBLAK
POLARNI
SUŠA
TEMPERATURA
NEVIHTA
TORNADO
TROPSKI
GROM
ORKAN
VETER

90 - Corpo Umano

```
O  Q  I  H  U  P  Q  I  N  A  G  Ž  O  M
J  F  O  J  H  T  S  I  O  T  R  K  C  M
M  D  Z  N  O  D  I  R  S  S  G  O  B  H
K  O  L  E  N  O  Ž  K  O  U  A  M  Y  W
O  K  O  Ž  C  Z  E  E  J  K  W  O  V  L
W  V  Z  E  Q  R  T  L  L  K  A  L  R  I
W  Q  K  L  C  J  S  B  Q  O  A  E  A  R
M  P  H  G  U  Y  R  Y  M  L  D  C  T  S
R  L  Y  N  F  B  P  E  Q  Z  A  E  D  O
N  T  G  W  U  O  L  W  D  T  R  U  C  B
N  T  I  K  B  L  R  Z  D  Y  B  G  L  R
O  G  B  B  A  T  K  O  Ž  A  M  A  R  A
G  Y  V  J  L  C  G  C  U  S  F  E  W  Z
A  V  A  L  G  E  P  K  G  J  E  M  J  W
```

USTA	ROKA
GLEŽENJ	BRADA
MOŽGANI	NOS
VRAT	OKO
SRCE	UHO
PRST	KOŽA
OBRAZ	KRI
NOGA	RAMA
KOLENO	ŽELODEC
KOMOLEC	GLAVA

91 - Mammiferi

```
D L S L O N K L O V K O L U
E C V O B J E P R J Q C I S
L J E L E N K G N Q G S K
F F L Q G Z G O L O P E I Q
I W U F N B U J M K R K C J
N O P I C A R O U E G I A J
Ž I R A F A U T Y M D Q L M
P W P Y G R I I J G G V Z A
I L B E N B T K T Q A N E P
G V J A S E M I M A Č K A D
Y M Y V O Z C B A S T R L D
W Y N A M O Q G G A Z P D G
R F Q M V Z A J E C Y W G D
Z B J P Y I S J Z B R T K Q
```

KIT
PES
KENGURU
KONJ
JELEN
ZAJEC
KOJOT
DELFIN
SLON
MAČKA

ŽIRAFA
GORILA
LEV
VOLK
MEDVED
OVCE
OPICA
BIK
LISICA
ZEBRA

92 - Arrampicata

```
W O T N V R R K M K I V P U
Q Z W B U I C Z R R Z O O K
I K J K O N Š V V C Z D H M
V A G A D U I I A N I N O T
I J N R O K Š F N G V I D R
D I V E J L M E Z A I K N E
F O D F C T E R E N V I I N
T E D S Y I N Č I Z I F Š I
S T R O K O V N J A K M T N
D V W M J C L A Q P J O V G
I K F T H A W K K N B Č O F
Č E L A D A M V J O T N F E
T S O N L I B A T S R L I V
D V R A D O V E D N O S T P
```

VIŠINA
ATMOSFERA
ČELADA
RADOVEDNOST
POHODNIŠTVO
STROKOVNJAK
FIZIČNI
TRENING
MOČ

JAMA
ROKAVICE
VODNIKI
ZEMLJEVID
IZZIVI
STABILNOST
ŠKORNJI
OZKA
TEREN

93 - Animali Domestici

```
P E S A Z O K H Y W M K Y A
B B B D G T A O R A Č Š U K
I I L O O I Y V F A J J P F
A R I V K Z P R H V N O O B
S N L R C E J A Z E M A V E
Ž E L V A R F T P T Q O O G
M A Č K A D V N C E I W D R
O K W U B D E I D R K Q E U
O O Y T N K B K H I R Z C Y
H R Č E K T U E E N A F C S
H M U C K A T Ž U A V S W C
N H L A M G M U F R A F E T
D M D T I I J K R E P A I R
G G N M Q S Š E B V Y N A P
```

VODA	MAČKA
PES	POVODEC
KOZA	KUŠČAR
HRANA	KRAVA
REP	PAPIGA
OVRATNIK	RIBE
ZAJEC	ŽELVA
HRČEK	MIŠ
KUŽEK	VETERINAR
MUCKA	TACE

94 - Cucina

```
Z A H S Z Z I E M N C F P Ž
R A D Y T J A B O G W G S A
V A M M K S P J Ž L I C E R
S R K R R V J K E C I L I V
K T Č G Z I Q B N M K G M J
O W N M R O D I Y L A K I A
D H F K M O V Y J Y P L E R
E K I N L I D A L H Y F K D
L S C V U T O D L J I D Č A
I A Z T P E C E R N B D L C
C N O Ž I K H L W P I I A I
E R J P K Z M K K S W K P Č
P R T I Č E K S A T O H D E
Z A Č I M B E H R A N A L P
```

PALČKE
VRČ
HRANA
SKLEDA
NOŽI
ZAMRZOVALNIK
ŽLICE
VILICE
PEČICA

HLADILNIK
ŽAR
ZAJEMALKA
RECEPT
ZAČIMBE
GOBA
SKODELICE
PRTIČEK
JAR

95 - Giardinaggio

```
Q  K  K  W  H  I  Z  H  V  R  S  T  E  S
S  A  D  O  V  N  J  A  K  E  S  S  J  E
B  J  D  H  I  T  Y  W  Y  T  C  I  T  Z
O  I  Q  O  T  E  V  L  A  G  A  L  S  O
T  N  E  D  V  V  W  O  H  U  H  U  I  N
A  A  E  D  S  C  M  N  I  H  J  Ž  L  S
N  Z  P  R  S  T  I  Č  Q  F  P  I  O  K
I  A  N  E  M  E  S  I  B  U  S  T  E  O
Č  M  D  U  N  E  Y  T  Q  Z  L  N  N  L
N  U  C  O  O  Š  O  P  E  K  A  K  G
I  G  V  I  S  G  T  S  O  P  M  O  K  C
M  L  E  P  G  O  M  K  H  Q  Z  B  V  V
B  D  T  B  V  U  P  E  Q  Y  D  I  Z  D
D  I  K  F  P  O  D  N  E  B  J  E  W  W
```

VODA	LISTJE
BOTANIČNI	SADOVNJAK
PODNEBJE	ŠOPEK
UŽITNA	SEMENA
KOMPOST	VRSTE
POSODA	UMAZANIJA
EKSOTIČNO	SEZONSKO
CVET	PRST
CVETNI	CEV
LIST	VLAGA

96 - Jazz

```
R S U T S K L A D A T E L J
I L M G A N Z K O N C E R T
T O E W O L P B G A M Q N T
E G T P H Y E E L L K F A M
M R N G K H F N S B A B Ž U
A Q I F N Y F R T E G S H B
D L K S E S T A V A M Y B L
I M P R O V I Z A C I J A A
T E H N I K A D N H J A S I
I R E T S E K R O O Q P L O
J A F R K C H M V R B L A F
N T K E R A D U O P U A V K
D S U W E M T G L E F V E Y
P G N A J L J U B Š I Z N M
```

ALBUM
APLAVZ
UMETNIK
PESEM
SKLADATELJ
SESTAVA
KONCERT
POUDAREK
SLAVEN
ŽANR

IMPROVIZACIJA
GLASBA
NOVO
ORKESTER
NAJLJUBŠI
RITEM
SLOG
TALENT
TEHNIKA
STAR

97 - Vacanze #2

```
R R H P R E V O Z U Z T C Z
D E J I F A R G O T O F I E
A G S M E Č Š I L A T E L M
O T C T S I L I N T O P J L
T E U S A G M O R J E Š P J
O J P J W V W A M W P O O E
K N N M E Z R N Q M S T Č V
T A K S I C A A N U O O I I
R V A M R L R Ž C Z Z R T D
H O L E T O H A N I A U N F
Y T V J Z K E L Q V J Z I F
G O L A P S B P Q G G A C R
Z P P R O S T I Č A S E E K
K A M P I R A N J E E F N A
```

LETALIŠČE
KAMPIRANJE
CILJ
FOTOGRAFIJE
HOTEL
OTOK
ZEMLJEVID
MORJE
POTNI LIST
RESTAVRACIJA

PLAŽA
TUJEC
TAKSI
PROSTI ČAS
ŠOTOR
PREVOZ
VLAK
POČITNICE
POTOVANJE
VIZUM

98 - Attività

```
F  P  O  H  O  D  N  I  Š  T  V  O  I  N
O  V  R  T  N  A  R  J  E  N  J  E  A  S
T  Y  S  K  W  A  O  U  M  Z  R  R  N  P
O  N  A  U  T  H  K  B  Ž  F  O  G  H  R
G  C  Č  V  S  G  R  T  R  I  E  I  G  E
R  R  I  B  O  L  O  V  I  T  T  Q  Q  T
A  B  T  L  N  M  F  Y  N  V  I  E  T  N
F  R  S  O  T  D  N  J  J  W  N  K  K  O
I  A  O  V  E  M  A  G  I  J  A  O  H  S
J  N  R  H  M  Š  I  V  A  N  J  E  S  T
A  J  P  I  U  K  E  R  A  M  I  K  A  T
V  E  T  I  T  S  O  R  P  S  E  L  P  E
K  A  M  P  I  R  A  N  J  E  L  C  T  O
U  G  A  N  K  E  L  B  F  E  Y  E  E  B
```

SPRETNOST	FOTOGRAFIJA
UMETNOST	VRTNARJENJE
OBRTI	IGRE
AKTIVNOST	BRANJE
LOV	MAGIJA
KAMPIRANJE	RIBOLOV
KERAMIKA	UŽITEK
ŠIVANJE	UGANKE
PLES	SPROSTITEV
POHODNIŠTVO	PROSTI ČAS

99 - Diplomazia

```
S  D  P  O  L  I  T  I  K  A  D  C  A  D
V  O  I  D  R  Ž  A  V  L  J  A  N  I  I
Z  L  D  P  R  E  Š  I  T  E  V  I  S  S
S  S  A  E  L  M  Y  Y  S  C  B  M  V  K
N  O  G  D  L  O  H  N  R  I  O  M  E  U
D  T  I  G  A  O  M  A  O  V  I  S  T  S
R  S  K  U  Y  I  V  A  K  I  T  E  O  I
P  O  G  O  D  B  A  A  T  C  I  O  V  J
I  N  G  A  Z  S  T  S  N  S  E  B  A  A
S  R  Y  H  I  K  I  Z  E  J  K  I  L  P
P  A  S  K  U  P  N  O  S  T  E  I  E  Y
S  V  P  T  S  O  T  I  V  O  L  E  C  L
R  U  Q  R  E  S  O  L  U  C  I  J  A  F
P  R  A  V  I  Č  N  O  S  T  R  U  W  I
```

DRŽAVLJANI
CIVIC
SKUPNOST
SVETOVALEC
SODELOVANJE
DIPLOMATSKI
DISKUSIJA
ETIKA
PRAVIČNOST

VLADA
CELOVITOST
JEZIKIH
POLITIKA
RESOLUCIJA
VARNOST
REŠITEV
POGODBA

100 - Forniture Artistiche

```
U U P W E H W I Q R R E I D
C U P Z E W G L I L E J L O
F O T O A P A R A T D W E S
U S T V A R J A L N O S T T
O G L J E Č I O F A L S S O
V O D A K R K P R V I T A J
B J A Y T N I I A H P O P A
G A K Q E I N D A P E L F L
U L R R Č L Č E K R L W I O
G E I V Š O N J V Z I J I N
G B D N E T I E A Z R B E M
U A A Y A B V U R H K N D A
N T R W C F S U E Y A E C F
I A Q P L F Q U L H J J S V
```

VODA	RADIRKA
AKVAREL	IDEJE
AKRIL	ČRNILO
GLINA	SVINČNIKI
OGLJE	OLJE
PAPIR	PASTELI
STOJALO	STOL
LEPILO	ŠČETKE
BARVE	TABELA
USTVARJALNOST	FOTOAPARAT

1 - Salute e Benessere #2

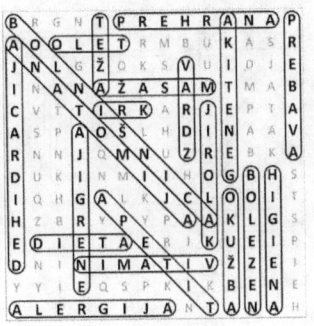

2 - Aggettivi #2

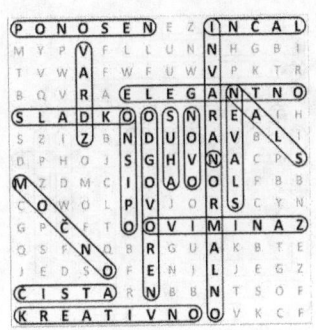

3 - Ingegneria

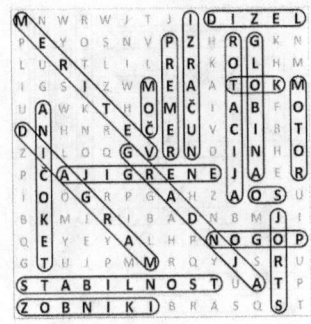

4 - Archeologia

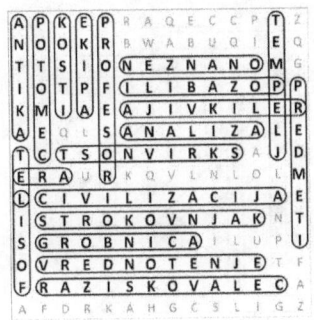

5 - Salute e Benessere #1

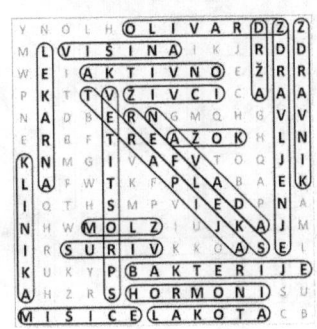

6 - Aggettivi #1

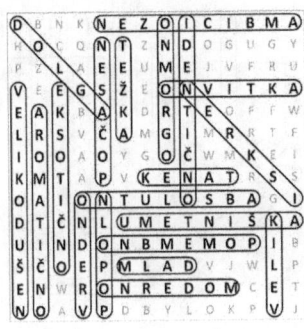

7 - Geologia

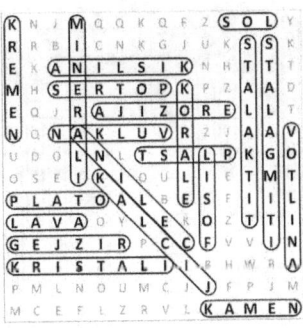

8 - Campeggio

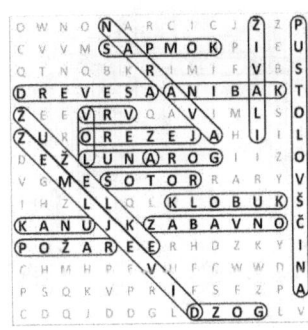

9 - Arti Visive

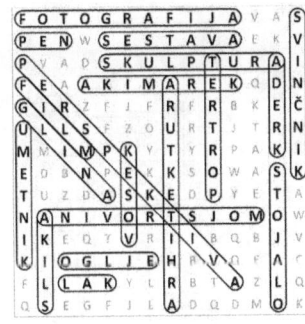

10 - Tempo

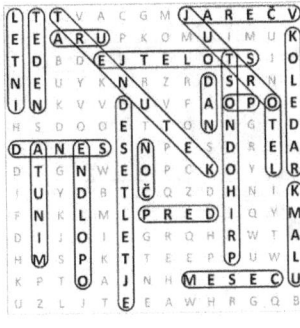

11 - Astronomia

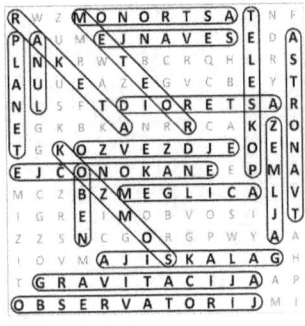

12 - Circo

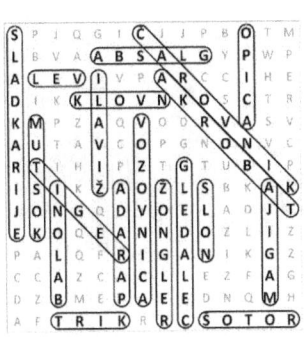

13 - Algebra

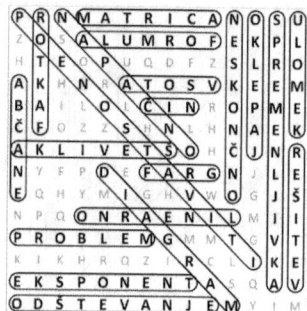

14 - Mitologia

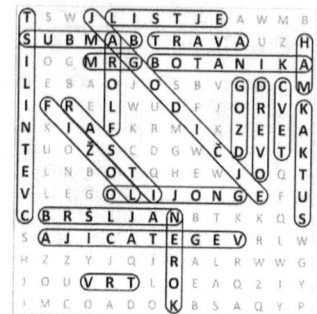

15 - Piante

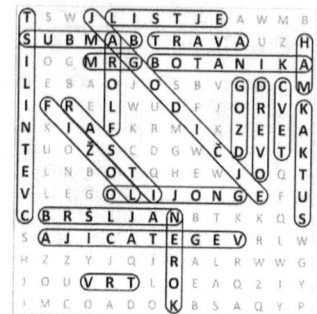

16 - Spezie

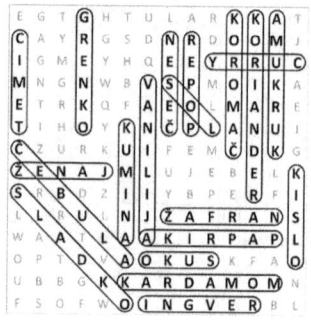

17 - Numeri

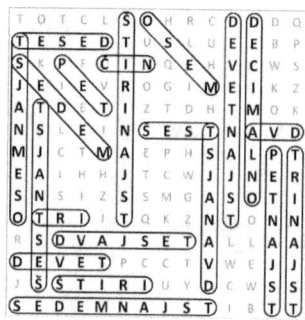

18 - Cioccolato

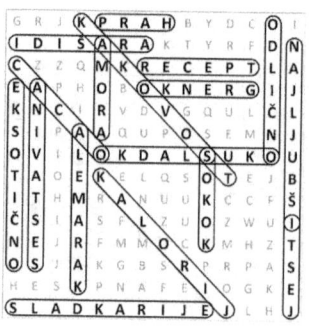

19 - Guida

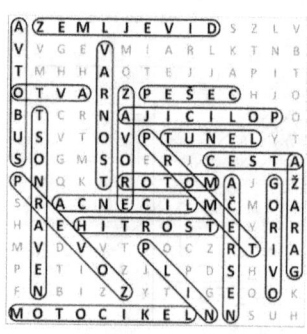

20 - I Media

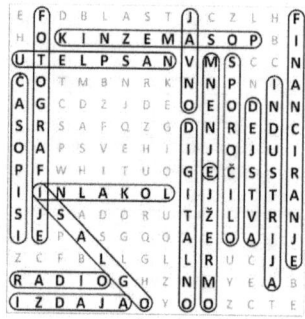

21 - Forza e Gravità

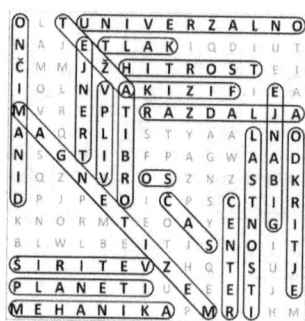

22 - Uccelli

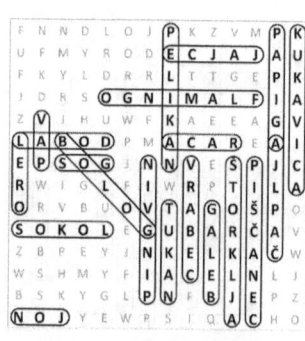

23 - Giorni e Mesi

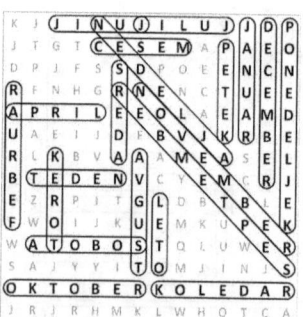

24 - Casa

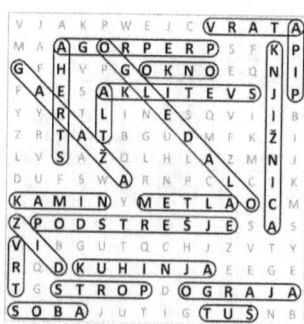

25 - Ristorante #1

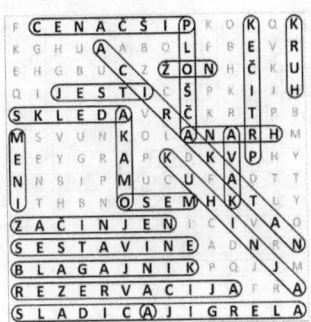

26 - Fantascienza

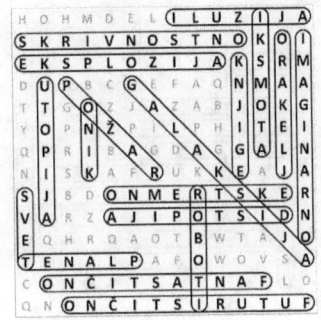

27 - Città

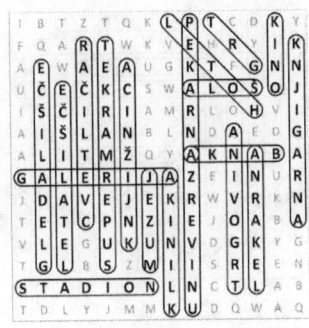

28 - Fattoria #1

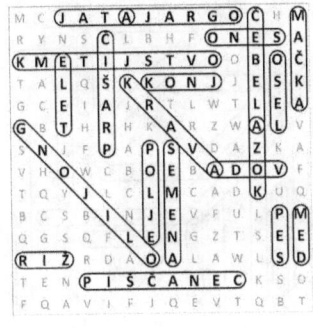

29 - Psicologia

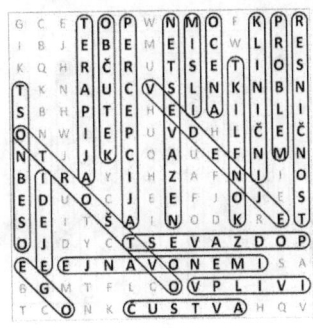

30 - Paesaggi

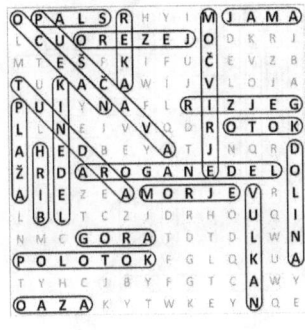

31 - Energia

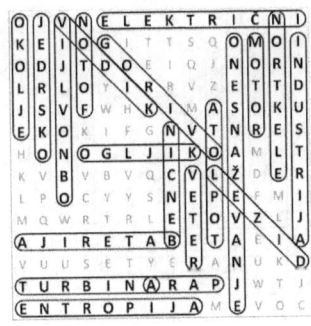

32 - Ristorante #2

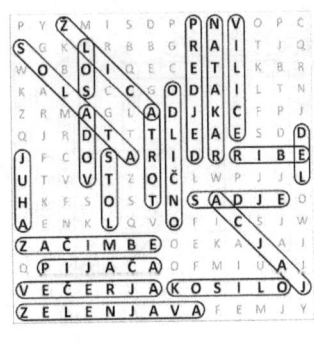

33 - L'Azienda

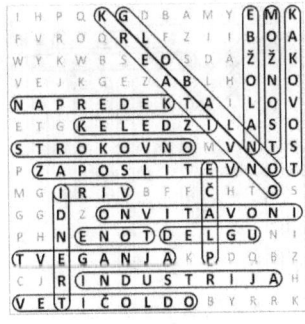

34 - Giardino

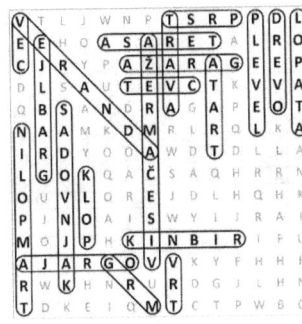

35 - Frutta

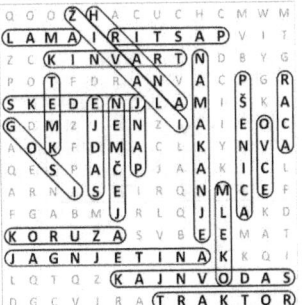

36 - Fattoria #2

37 - Verdure

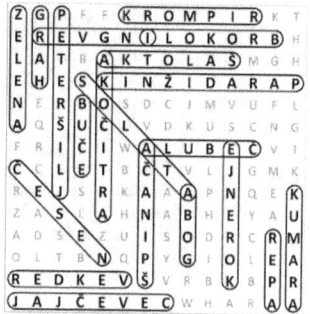

38 - Musica

39 - Barbecue

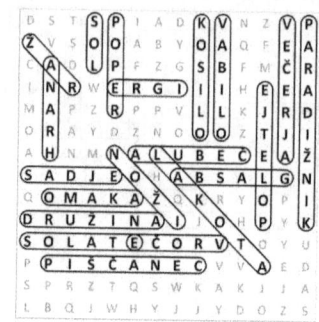

40 - Insetti

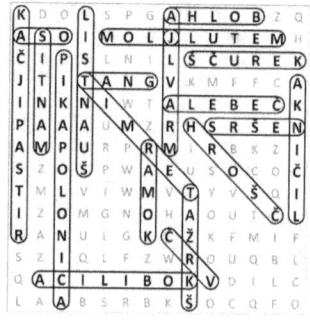

41 - Fisica

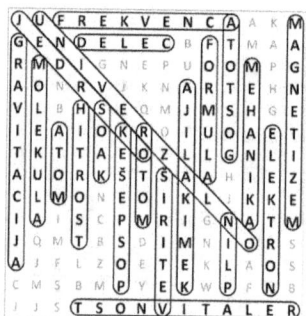

42 - Erboristeria

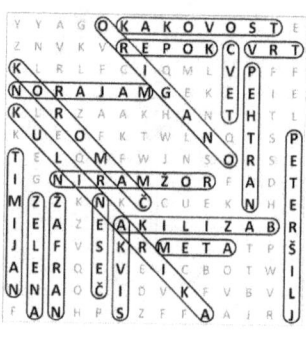

43 - Attività Commerciale

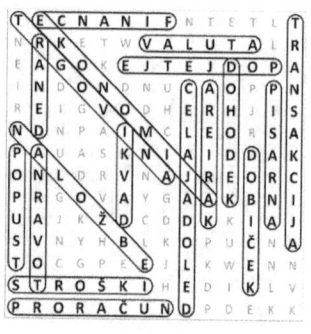

44 - Fiori

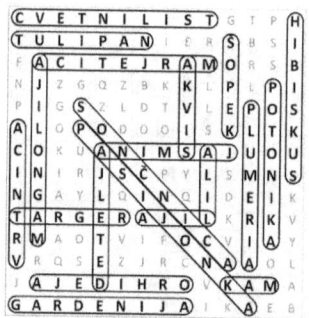

45 - Filantropia

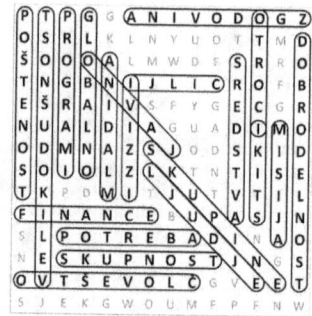

46 - Ecologia

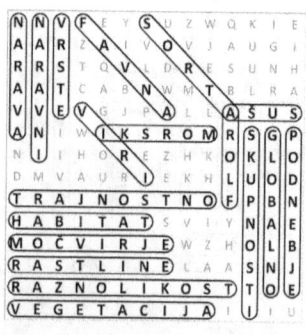

47 - Discipline Scientifiche

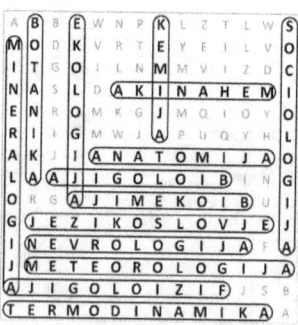

48 - Scienza

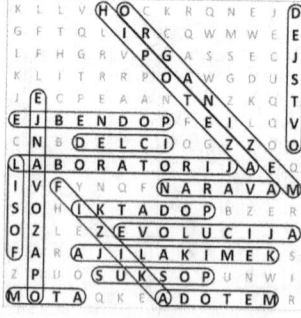

49 - Acqua

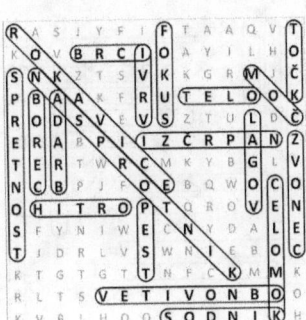

50 - Boxe

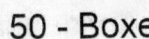

51 - Imbarcazioni

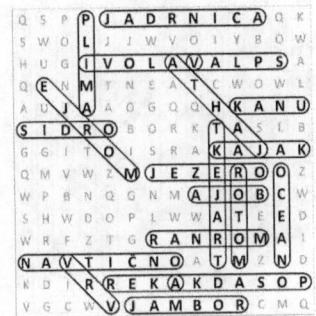

52 - Chimica

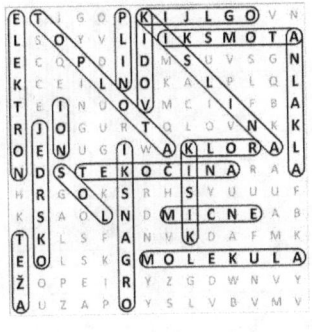

53 - Api

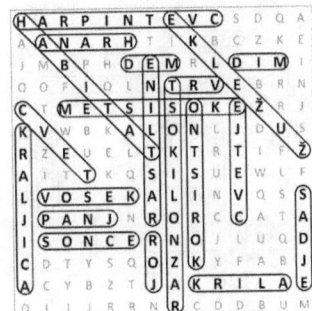

54 - Strumenti Musicali

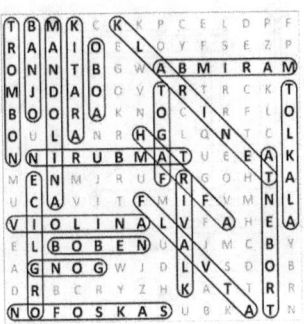

55 - Professioni #2

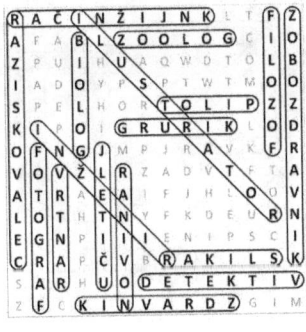

56 - Letteratura

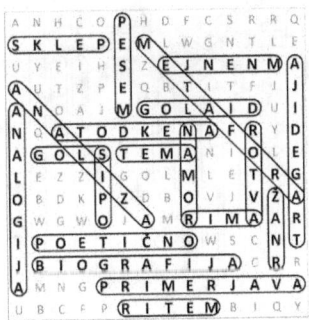

57 - Cibo #2

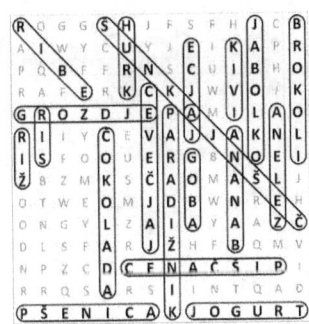

58 - Nutrizione

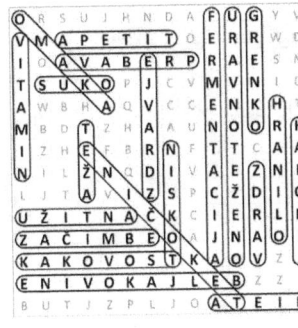

59 - Matematica

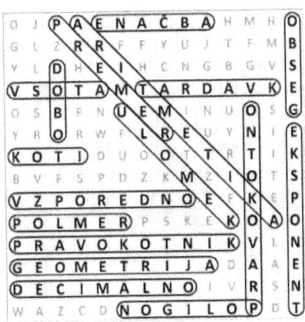

60 - Meditazione

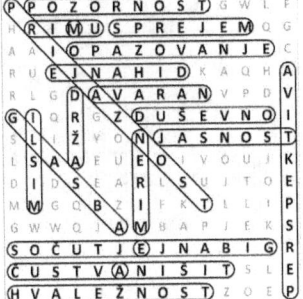

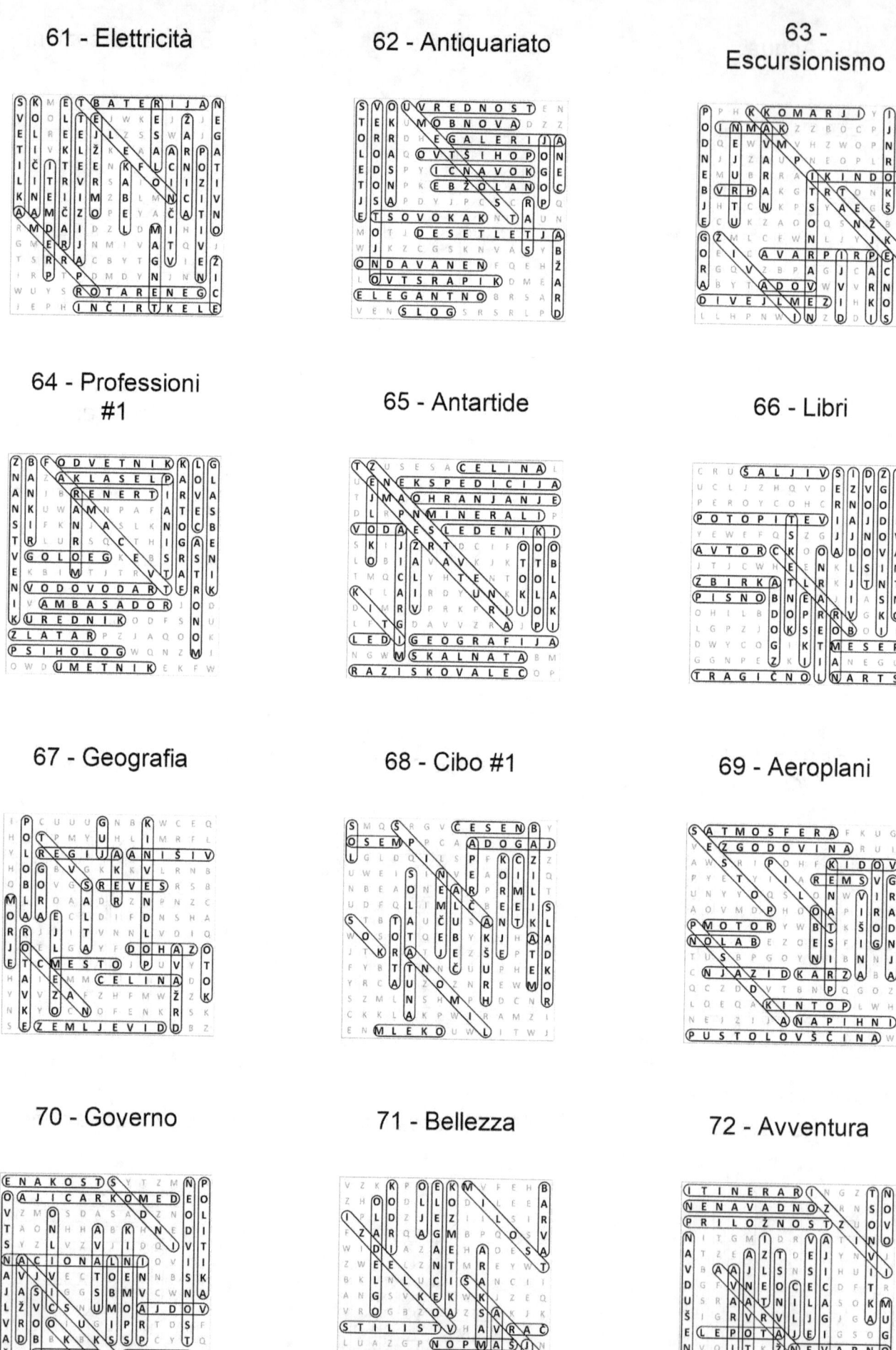

61 - Elettricità

62 - Antiquariato

63 - Escursionismo

64 - Professioni #1

65 - Antartide

66 - Libri

67 - Geografia

68 - Cibo #1

69 - Aeroplani

70 - Governo

71 - Bellezza

72 - Avventura

73 - Forme

74 - Oceano

75 - Famiglia

76 - Creatività

77 - Veicoli

78 - Emozioni

79 - Balletto

80 - Paesi #1

81 - Geometria

82 - Foresta Pluviale

83 - Edifici

84 - Paesi #2

85 - Tipi di Capelli

86 - Vestiti

87 - Attività e Tempo Libero

88 - Arte

89 - Meteo

90 - Corpo Umano

91 - Mammiferi

92 - Arrampicata

93 - Animali Domestici

94 - Cucina

95 - Giardinaggio

96 - Jazz

97 - Vacanze #2

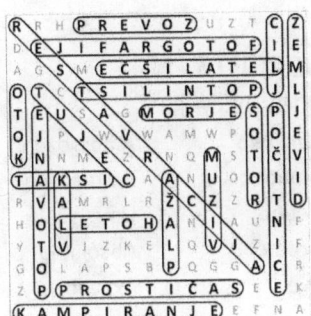

98 - Attività

99 - Diplomazia

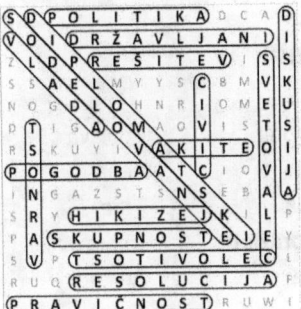

100 - Forniture Artistiche

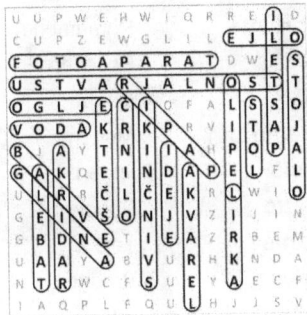

Dizionario

Acqua
Voda

Alluvione	Poplava
Canale	Kanal
Doccia	Prha
Evaporazione	Izparevanje
Fiume	Reka
Gelo	Zmrzal
Geyser	Gejzir
Ghiaccio	Led
Irrigazione	Namakanje
Lago	Jezero
Monsone	Monsun
Neve	Sneg
Oceano	Ocean
Onde	Valovi
Pioggia	Dež
Potabile	Pitno
Umidità	Vlaga
Umido	Vlažno
Uragano	Orkan
Vapore	Para

Aeroplani
Letala

Altezza	Višina
Aria	Zrak
Atmosfera	Atmosfera
Atterraggio	Pristanek
Avventura	Pustolovščina
Carburante	Gorivo
Cielo	Nebo
Costruzione	Gradnja
Design	Dizajn
Direzione	Smer
Discesa	Sestop
Equipaggio	Posadka
Gonfiare	Napihni
Idrogeno	Vodik
Motore	Motor
Palloncino	Balon
Passeggero	Potnik
Pilota	Pilot
Storia	Zgodovina
Turbolenza	Turbulenca

Aggettivi #1
Pridevniki #1

Ambizioso	Ambiciozen
Aromatico	Aromatično
Artistico	Umetniška
Assoluto	Absolutno
Attivo	Aktivno
Enorme	Ogromno
Esotico	Eksotično
Generoso	Velikodušen
Giovane	Mlad
Grande	Velik
Identico	Identično
Importante	Pomembno
Lento	Počasen
Lungo	Dolga
Moderno	Moderno
Onesto	Iskren
Perfetto	Popoln
Pesante	Težka
Prezioso	Vredno
Sottile	Tanek

Aggettivi #2
Pridevniki #2

Affamato	Lačni
Asciutto	Suha
Autentico	Verodostojno
Creativo	Kreativno
Descrittivo	Opisno
Dolce	Sladko
Drammatico	Dramatično
Elegante	Elegantno
Famoso	Slaven
Forte	Močno
Interessante	Zanimivo
Naturale	Naravni
Normale	Normalno
Nuovo	Novo
Orgoglioso	Ponosen
Produttivo	Produktivno
Puro	Čista
Responsabile	Odgovoren
Salato	Slan
Sano	Zdrav

Algebra
Algebra

Diagramma	Diagram
Equazione	Enačba
Esponente	Eksponent
Falso	Napačno
Fattore	Faktor
Formula	Formula
Frazione	Ulomek
Grafico	Graf
Infinito	Neskončno
Lineare	Linearno
Matrice	Matrica
Numero	Številka
Parentesi	Oklepaj
Problema	Problem
Semplificare	Poenostaviti
Soluzione	Rešitev
Somma	Vsota
Sottrazione	Odštevanje
Variabile	Spremenljivka
Zero	Nič

Animali Domestici
Hišni Ljubljenčki

Acqua	Voda
Cane	Pes
Capra	Koza
Cibo	Hrana
Coda	Rep
Collare	Ovratnik
Coniglio	Zajec
Criceto	Hrček
Cucciolo	Kužek
Gattino	Mucka
Gatto	Mačka
Guinzaglio	Povodec
Lucertola	Kuščar
Mucca	Krava
Pappagallo	Papiga
Pesce	Ribe
Tartaruga	Želva
Topo	Miš
Veterinario	Veterinar
Zampe	Tace

Antartide
Antarktika

Acqua	Voda
Ambiente	Okolje
Baia	Zaliv
Balene	Kiti
Conservazione	Ohranjanje
Continente	Celina
Geografia	Geografija
Ghiacciai	Ledeniki
Ghiaccio	Led
Isole	Otoki
Migrazione	Migracija
Minerali	Minerali
Nuvole	Oblaki
Penisola	Polotok
Ricercatore	Raziskovalec
Roccioso	Skalnata
Scientifico	Znanstveni
Spedizione	Ekspedicija
Temperatura	Temperatura
Topografia	Topografija

Antiquariato
Starine

Arte	Umetnost
Asta	Dražba
Autentico	Verodostojno
Condizione	Pogoj
Decenni	Desetletja
Decorativo	Okrasna
Elegante	Elegantno
Galleria	Galerija
Insolito	Nenavadno
Investimento	Naložbe
Mobilio	Pohištvo
Monete	Kovanci
Prezzo	Cena
Qualità	Kakovost
Restauro	Obnova
Scultura	Kiparstvo
Secolo	Stoletje
Stile	Slog
Valore	Vrednost
Vecchio	Star

Api
Čebele

Ali	Krila
Alveare	Panj
Benefico	Koristno
Cera	Vosek
Cibo	Hrana
Diversità	Raznolikost
Ecosistema	Ekosistem
Fiori	Cvetje
Fiorire	Cvet
Frutta	Sadje
Fumo	Dim
Giardino	Vrt
Habitat	Habitat
Insetto	Žuželke
Miele	Med
Piante	Rastline
Polline	Cvetni Prah
Regina	Kraljica
Sciame	Roj
Sole	Sonce

Archeologia
Arheologija

Analisi	Analiza
Anni	Let
Antichità	Antika
Civiltà	Civilizacija
Dimenticato	Pozabili
Discendente	Potomec
Era	Era
Esperto	Strokovnjak
Fossile	Fosil
Mistero	Skrivnost
Oggetti	Predmeti
Ossa	Kosti
Professore	Profesor
Reliquia	Relikvija
Ricercatore	Raziskovalec
Sconosciuto	Neznano
Squadra	Ekipa
Tempio	Tempelj
Tomba	Grobnica
Valutazione	Vrednotenje

Arrampicata
Plezanje

Altitudine	Višina
Atmosfera	Atmosfera
Casco	Čelada
Curiosità	Radovednost
Escursioni	Pohodništvo
Esperto	Strokovnjak
Fisico	Fizični
Formazione	Trening
Forza	Moč
Grotta	Jama
Guanti	Rokavice
Guide	Vodniki
Lesione	Poškodba
Mappa	Zemljevid
Sfide	Izzivi
Stabilità	Stabilnost
Stivali	Škornji
Stretto	Ozka
Terreno	Teren

Arte
Umetnost

Ceramica	Keramika
Complesso	Kompleks
Composizione	Sestava
Creare	Ustvariti
Dipinti	Slike
Espressione	Izraz
Figura	Slika
Ispirato	Navdihnjen
Onesto	Iskren
Originale	Izvirnik
Personale	Osebno
Poesia	Poezija
Scultura	Kiparstvo
Semplice	Preprosto
Simbolo	Simbol
Soggetto	Predmet
Surrealismo	Nadrealizem
Umore	Razpoloženje
Visivo	Vizualno

Arti Visive
Vizualne Umetnosti

Italiano	Slovensko
Architettura	Arhitektura
Argilla	Glina
Artista	Umetnik
Capolavoro	Mojstrovina
Carbone	Oglje
Cavalletto	Stojalo
Cera	Vosek
Ceramica	Keramika
Composizione	Sestava
Creatività	Ustvarjalnost
Film	Film
Fotografia	Fotografija
Gesso	Kreda
Matita	Svinčnik
Penna	Pen
Pittura	Slika
Prospettiva	Perspektiva
Ritratto	Portret
Scultura	Skulptura
Vernice	Lak

Astronomia
Astronomija

Italiano	Slovensko
Asteroide	Asteroid
Astronauta	Astronavt
Astronomo	Astronom
Cielo	Nebo
Cosmo	Kozmos
Costellazione	Ozvezdje
Equinozio	Enakonočje
Galassia	Galaksija
Gravità	Gravitacija
Luna	Luna
Meteora	Meteor
Nebulosa	Meglica
Osservatorio	Observatorij
Pianeta	Planet
Radiazione	Sevanje
Razzo	Raketa
Supernova	Supernova
Telescopio	Teleskop
Terra	Zemlja
Universo	Vesolje

Attività
Dejavnosti

Italiano	Slovensko
Abilità	Spretnost
Arte	Umetnost
Artigianato	Obrti
Attività	Aktivnost
Caccia	Lov
Campeggio	Kampiranje
Ceramica	Keramika
Cucire	Šivanje
Danza	Ples
Escursioni	Pohodništvo
Fotografia	Fotografija
Giardinaggio	Vrtnarjenje
Giochi	Igre
Lettura	Branje
Magia	Magija
Pesca	Ribolov
Piacere	Užitek
Puzzle	Uganke
Rilassamento	Sprostitev
Tempo Libero	Prosti Čas

Attività Commerciale
Poslovna

Italiano	Slovensko
Bilancio	Proračun
Carriera	Kariera
Costo	Stroški
Datore di Lavoro	Delodajalec
Dipendente	Zaposleni
Economia	Ekonomija
Fabbrica	Tovarna
Finanza	Finance
Investimento	Naložbe
Negozio	Trgovina
Profitto	Dobiček
Reddito	Dohodek
Sconto	Popust
Società	Podjetje
Soldi	Denar
Tasse	Davki
Transazione	Transakcija
Ufficio	Pisarna
Valuta	Valuta
Vendita	Prodaja

Attività e Tempo Libero
Aktivnosti in Prosti Čas

Italiano	Slovensko
Arte	Umetnost
Baseball	Baseball
Basket	Košarka
Boxe	Boks
Calcio	Nogomet
Campeggio	Kampiranje
Escursioni	Pohodništvo
Giardinaggio	Vrtnarjenje
Golf	Golf
Hobby	Hobiji
Immersione	Potapljanje
Nuoto	Plavanje
Pallavolo	Odbojka
Pesca	Ribolov
Pittura	Slika
Rilassante	Sproščujoče
Shopping	Nakupovanje
Surf	Deskanje
Tennis	Tenis
Viaggio	Potovanje

Avventura
Pustolovščina

Italiano	Slovensko
Amici	Prijatelji
Attività	Aktivnost
Bellezza	Lepota
Coraggio	Pogum
Destinazione	Cilj
Difficoltà	Težavnost
Entusiasmo	Navdušenje
Escursione	Izlet
Gioia	Veselje
Insolito	Nenavadno
Itinerario	Itinerar
Natura	Narava
Navigazione	Navigacija
Nuovo	Novo
Opportunità	Priložnost
Pericoloso	Nevarno
Preparazione	Priprava
Sfide	Izzivi
Sicurezza	Varnost
Viaggi	Potovanja

Balletto
Balet

Abilità	Spretnost
Applauso	Aplavz
Artistico	Umetniška
Ballerina	Balerina
Ballerini	Plesalci
Compositore	Skladatelj
Coreografia	Koreografija
Espressivo	Izrazno
Gesto	Gesta
Intensità	Intenzivnost
Lezioni	Lekcije
Muscoli	Mišice
Musica	Glasba
Orchestra	Orkester
Prova	Vaja
Pubblico	Občinstvo
Ritmo	Ritem
Stile	Slog
Tecnica	Tehnika

Barbecue
Ražnji

Caldo	Vroče
Cena	Večerja
Cibo	Hrana
Cipolle	Čebula
Coltelli	Noži
Estate	Poletje
Fame	Lakota
Famiglia	Družina
Frutta	Sadje
Giochi	Igre
Griglia	Žar
Insalate	Solate
Invito	Vabilo
Musica	Glasba
Pepe	Poper
Pollo	Piščanec
Pomodori	Paradižnik
Pranzo	Kosilo
Sale	Sol
Salsa	Omaka

Bellezza
Lepota

Colore	Barva
Cosmetici	Kozmetika
Elegante	Elegantno
Eleganza	Elegance
Fascino	Čar
Forbici	Škarje
Fotogenico	Fotogenično
Fragranza	Dišava
Grazia	Milost
Mascara	Maskara
Oli	Olja
Pelle	Koža
Prodotti	Izdelkov
Profumo	Vonj
Riccioli	Kodri
Rossetto	Šminka
Servizi	Storitve
Shampoo	Šampon
Specchio	Ogledalo
Stilista	Stilist

Boxe
Boks

Abilità	Spretnost
Angolo	Vogal
Arbitro	Sodnik
Avversario	Nasprotnik
Calcio	Brci
Campana	Zvonec
Combattente	Borec
Corde	Vrvi
Corpo	Telo
Esaurito	Izčrpan
Forza	Moč
Fuoco	Fokus
Gomito	Komolec
Guanti	Rokavice
Mento	Brada
Pugno	Pest
Punti	Točk
Rapido	Hitro
Recupero	Obnovitev

Campeggio
Kampiranje

Alberi	Drevesa
Amaca	Viseča Mreža
Animali	Živali
Avventura	Pustolovščina
Bussola	Kompas
Cabina	Kabina
Caccia	Lov
Canoa	Kanu
Cappello	Klobuk
Corda	Vrv
Divertimento	Zabavno
Foresta	Gozd
Fuoco	Požar
Insetto	Žuželke
Lago	Jezero
Luna	Luna
Mappa	Zemljevid
Montagna	Gora
Natura	Narava
Tenda	Šotor

Casa
Hiša

Attico	Podstrešje
Biblioteca	Knjižnica
Camera	Soba
Camino	Kamin
Cucina	Kuhinja
Doccia	Tuš
Finestra	Okno
Garage	Garaža
Giardino	Vrt
Lampada	Svetilka
Parete	Zid
Pavimento	Tla
Porta	Vrata
Recinto	Ograja
Rubinetto	Pipa
Scopa	Metla
Soffitto	Strop
Specchio	Ogledalo
Tappeto	Preproga
Tetto	Streha

Chimica
Kemija

Italiano	Slovensko
Acido	Kislina
Alcalino	Alkalna
Atomico	Atomski
Calore	Toplota
Carbonio	Ogljik
Catalizzatore	Katalizator
Cloro	Klor
Elettrone	Elektron
Enzima	Encim
Gas	Plin
Idrogeno	Vodik
Ione	Ion
Liquido	Tekočina
Molecola	Molekula
Nucleare	Jedrsko
Organico	Organski
Ossigeno	Kisik
Peso	Teža
Sale	Sol
Temperatura	Temperatura

Cibo #1
Hrana #1

Italiano	Slovensko
Aglio	Česen
Basilico	Bazilika
Cannella	Cimet
Carne	Meso
Carota	Korenje
Cipolla	Čebula
Fragola	Jagoda
Insalata	Solata
Latte	Mleko
Limone	Limona
Menta	Meta
Orzo	Ječmen
Pera	Hruška
Rapa	Repa
Sale	Sol
Spinaci	Špinača
Succo	Sok
Tonno	Tuna
Torta	Torta
Zucchero	Sladkor

Cibo #2
Hrana #2

Italiano	Slovensko
Banana	Banana
Broccolo	Brokoli
Ciliegia	Češnja
Cioccolato	Čokolada
Formaggio	Sir
Fungo	Goba
Grano	Pšenica
Kiwi	Kivi
Mela	Jabolko
Melanzana	Jajčevec
Pane	Kruh
Pesce	Ribe
Pollo	Piščanec
Pomodoro	Paradižnik
Prosciutto	Šunka
Riso	Riž
Sedano	Zelena
Uovo	Jajce
Uva	Grozdje
Yogurt	Jogurt

Cioccolato
Čokolada

Italiano	Slovensko
Amaro	Grenko
Antiossidante	Antioksidant
Arachidi	Arašidi
Aroma	Aroma
Cacao	Cacao
Calorie	Kalorij
Caramella	Sladkarije
Caramello	Karamela
Delizioso	Odlično
Dolce	Sladko
Esotico	Eksotično
Gusto	Okus
Ingrediente	Sestavina
Mangiare	Jesti
Noce di Cocco	Kokos
Polvere	Prah
Preferito	Najljubši
Qualità	Kakovost
Ricetta	Recept
Zucchero	Sladkor

Circo
Cirkus.

Italiano	Slovensko
Acrobata	Akrobat
Animali	Živali
Biglietto	Vozovnica
Caramella	Sladkarije
Clown	Klovn
Costume	Kostum
Elefante	Slon
Giocoliere	Žongler
Leone	Lev
Magia	Magija
Mago	Čarovnik
Musica	Glasba
Palloncini	Baloni
Parata	Parada
Scimmia	Opica
Spettacolare	Spektakularno
Spettatore	Gledalec
Tenda	Šotor
Tigre	Tiger
Trucco	Trik

Città
Mesto

Italiano	Slovensko
Aeroporto	Letališče
Banca	Banka
Biblioteca	Knjižnica
Cinema	Kino
Clinica	Klinika
Farmacia	Lekarna
Fiorista	Cvetličar
Galleria	Galerija
Hotel	Hotel
Libreria	Knjigarna
Mercato	Trg
Museo	Muzej
Negozio	Trgovina
Panetteria	Pekarna
Scuola	Šola
Stadio	Stadion
Supermercato	Supermarket
Teatro	Gledališče
Università	Univerza
Zoo	Živalski Vrt

Corpo Umano
Človeško Telo

Bocca	Usta
Caviglia	Gleženj
Cervello	Možgani
Collo	Vrat
Cuore	Srce
Dito	Prst
Faccia	Obraz
Gamba	Noga
Ginocchio	Koleno
Gomito	Komolec
Mano	Roka
Mento	Brada
Naso	Nos
Occhio	Oko
Orecchio	Uho
Pelle	Koža
Sangue	Kri
Spalla	Rama
Stomaco	Želodec
Testa	Glava

Creatività
Ustvarjalnost

Abilità	Spretnost
Artistico	Umetniška
Autenticità	Pristnost
Chiarezza	Jasnost
Drammatico	Dramatično
Emozioni	Čustva
Espressione	Izraz
Fluidità	Fluidnost
Idee	Ideje
Immaginazione	Domišljija
Immagine	Slika
Impressione	Vtis
Intensità	Intenzivnost
Intuizione	Intuicija
Inventivo	Iznajdljiv
Ispirazione	Navdih
Sensazione	Občutek
Spontaneo	Spontano
Visioni	Vizije
Vitalità	Vitalnost

Cucina
Kuhinja

Bacchette	Palčke
Bollitore	Kotliček
Brocca	Vrč
Cibo	Hrana
Ciotola	Skleda
Coltelli	Noži
Congelatore	Zamrzovalnik
Cucchiai	Žlice
Forchette	Vilice
Forno	Pečica
Frigorifero	Hladilnik
Grembiule	Predpasnik
Griglia	Žar
Mestolo	Zajemalka
Ricetta	Recept
Spezie	Začimbe
Spugna	Goba
Tazze	Skodelice
Tovagliolo	Prtiček
Vaso	Jar

Diplomazia
Diplomacija

Ambasciatore	Ambasador
Cittadini	Državljani
Civico	Civic
Comunità	Skupnost
Conflitto	Konflikt
Consigliere	Svetovalec
Cooperazione	Sodelovanje
Diplomatico	Diplomatski
Discussione	Diskusija
Etica	Etika
Giustizia	Pravičnost
Governo	Vlada
Integrità	Celovitost
Lingue	Jezikih
Politica	Politika
Risoluzione	Resolucija
Sicurezza	Varnost
Soluzione	Rešitev
Trattato	Pogodba
Umanitario	Humanitarna

Discipline Scientifiche
Znanstvene Discipline

Anatomia	Anatomija
Archeologia	Arheologija
Astronomia	Astronomija
Biochimica	Biokemija
Biologia	Biologija
Botanica	Botanika
Chimica	Kemija
Ecologia	Ekologija
Fisiologia	Fiziologija
Geologia	Geologija
Immunologia	Imunologija
Linguistica	Jezikoslovje
Meccanica	Mehanika
Meteorologia	Meteorologija
Mineralogia	Mineralogija
Neurologia	Nevrologija
Psicologia	Psihologija
Sociologia	Sociologija
Termodinamica	Termodinamika
Zoologia	Zoologija

Ecologia
Ekologija

Clima	Podnebje
Comunità	Skupnosti
Diversità	Raznolikost
Fauna	Favna
Flora	Flora
Globale	Globalno
Habitat	Habitat
Marino	Morski
Natura	Narava
Naturale	Naravni
Palude	Močvirje
Piante	Rastline
Risorse	Viri
Siccità	Suša
Sopravvivenza	Preživetje
Sostenibile	Trajnostno
Specie	Vrste
Varietà	Sorta
Vegetazione	Vegetacija
Volontari	Prostovoljci

Edifici
Zgradbe

Appartamento	Stanovanje
Cabina	Kabina
Castello	Grad
Cinema	Kino
Fabbrica	Tovarna
Fattoria	Kmetija
Fienile	Skedenj
Hotel	Hotel
Laboratorio	Laboratorij
Museo	Muzej
Ospedale	Bolnišnica
Osservatorio	Observatorij
Ostello	Hostel
Scuola	Šola
Stadio	Stadion
Supermercato	Supermarket
Teatro	Gledališče
Tenda	Šotor
Torre	Stolp
Università	Univerza

Elettricità
Električna Energija

Attrezzatura	Oprema
Batteria	Baterija
Cavo	Kabel
Conservazione	Skladiščenje
Elettricista	Električar
Elettrico	Električni
Fili	Žice
Generatore	Generator
Lampada	Svetilka
Lampadina	Žarnica
Laser	Laser
Magnete	Magnet
Negativo	Negativno
Oggetti	Predmeti
Positivo	Pozitiven
Presa	Vtičnica
Quantità	Količina
Rete	Omrežje
Telefono	Telefon
Televisione	Televizija

Emozioni
Čustva

Amore	Ljubezen
Beatitudine	Blaženost
Calma	Miren
Contenuto	Vsebina
Eccitato	Navdušen
Gentilezza	Prijaznost
Gioia	Veselje
Grato	Hvaležen
Noia	Dolgčas
Pace	Mir
Paura	Strah
Rabbia	Jeza
Rilassato	Sproščen
Rilievo	Relief
Simpatia	Sočutje
Soddisfatto	Zadovoljni
Sorpresa	Presenečenje
Tenerezza	Nežnost
Tranquillità	Spokojnost
Tristezza	Žalost

Energia
Energetika

Ambiente	Okolje
Batteria	Baterija
Benzina	Bencin
Calore	Toplota
Carbonio	Ogljik
Carburante	Gorivo
Diesel	Dizel
Elettrico	Električni
Elettrone	Elektron
Entropia	Entropija
Fotone	Foton
Idrogeno	Vodik
Industria	Industrija
Inquinamento	Onesnaževanje
Motore	Motor
Nucleare	Jedrsko
Rinnovabile	Obnovljiv
Turbina	Turbina
Vapore	Para
Vento	Veter

Erboristeria
Zeliščarstvo

Aglio	Česen
Aneto	Koper
Aromatico	Aromatično
Basilico	Bazilika
Culinario	Kulinarika
Dragoncello	Pehtran
Finocchio	Koromač
Fiore	Cvet
Giardino	Vrt
Ingrediente	Sestavina
Lavanda	Sivka
Maggiorana	Majaron
Menta	Meta
Origano	Origano
Prezzemolo	Peteršilj
Qualità	Kakovost
Rosmarino	Rožmarin
Timo	Timijan
Verde	Zelena
Zafferano	Žafran

Escursionismo
Pohodništvo

Acqua	Voda
Animali	Živali
Campeggio	Kampiranje
Clima	Podnebje
Guide	Vodniki
Mappa	Zemljevid
Montagna	Gora
Natura	Narava
Orientamento	Orientacija
Parchi	Parki
Pericoli	Nevarnosti
Pesante	Težka
Pietre	Kamni
Preparazione	Priprava
Selvaggio	Divji
Sole	Sonce
Stanco	Utrujen
Stivali	Škornji
Vertice	Vrh
Zanzare	Komarji

Famiglia
Družinska

Antenato	Prednik
Bambini	Otroci
Bambino	Otrok
Cugino	Bratranec
Figlia	Hči
Fratello	Brat
Infanzia	Otroštvo
Madre	Mati
Marito	Mož
Materno	Materna
Moglie	Žena
Nipote	Nečak
Nipote	Vnuk
Nonna	Babica
Nonno	Dedek
Padre	Oče
Paterno	Očetovski
Sorella	Sestra
Zia	Teta
Zio	Stric

Fantascienza
Znanstvena Fantastika.

Atomico	Atomski
Cinema	Kino
Distopia	Distopija
Esplosione	Eksplozija
Estremo	Ekstremno
Fantastico	Fantastično
Fuoco	Požar
Futuristico	Futuristično
Galassia	Galaksija
Illusione	Iluzija
Immaginario	Imaginarno
Libri	Knjige
Misterioso	Skrivnostno
Mondo	Svet
Oracolo	Orakelj
Pianeta	Planet
Realistico	Realističen
Robot	Roboti
Tecnologia	Tehnologija
Utopia	Utopija

Fattoria #1
Kmetija #1

Acqua	Voda
Agricoltura	Kmetijstvo
Ape	Čebela
Asino	Osel
Campo	Polje
Cane	Pes
Capra	Koza
Cavallo	Konj
Fertilizzante	Gnojilo
Fieno	Seno
Gatto	Mačka
Gregge	Jata
Maiale	Prašič
Miele	Med
Mucca	Krava
Pollo	Piščanec
Recinto	Ograja
Riso	Riž
Semi	Semena
Vitello	Tele

Fattoria #2
Kmetija #2

Agnello	Jagnjetina
Agricoltore	Kmet
Alveare	Panj
Anatra	Raca
Animali	Živali
Cibo	Hrana
Fienile	Skedenj
Frutta	Sadje
Frutteto	Sadovnjak
Grano	Pšenica
Irrigazione	Namakanje
Lama	Lama
Latte	Mleko
Mais	Koruza
Oche	Gosi
Orzo	Ječmen
Pastore	Pastir
Pecora	Ovce
Prato	Travnik
Trattore	Traktor

Filantropia
Filantropija

Bambini	Otroci
Bisogno	Potreba
Carità	Dobrodelnost
Comunità	Skupnost
Contatti	Stiki
Finanza	Finance
Fondi	Sredstva
Generosità	Velikodušnost
Gioventù	Mladina
Globale	Globalno
Gruppi	Skupine
Missione	Misija
Obiettivi	Cilji
Onestà	Poštenost
Persone	Ljudje
Programmi	Programi
Pubblico	Javno
Sfide	Izzivi
Storia	Zgodovina
Umanità	Človeštvo

Fiori
Cvetovi

Dente di Leone	Regrat
Gardenia	Gardenija
Gelsomino	Jasmina
Giglio	Lija
Girasole	Sončnica
Ibisco	Hibiskus
Lavanda	Sivka
Lilla	Lila
Magnolia	Magnolija
Margherita	Marjetica
Mazzo	Šopek
Orchidea	Orhideja
Papavero	Mak
Passiflora	Pasijonka
Peonia	Potonika
Petalo	Cvetni List
Plumeria	Plumeria
Rosa	Vrtnica
Trifoglio	Detelja
Tulipano	Tulipan

Fisica
Fizika

Accelerazione	Pospešek
Atomo	Atom
Caos	Kaos
Chimico	Kemikalija
Densità	Gostota
Elettrone	Elektron
Espansione	Širitev
Formula	Formula
Frequenza	Frekvenca
Gas	Plin
Gravità	Gravitacija
Magnetismo	Magnetizem
Meccanica	Mehanika
Molecola	Molekula
Motore	Motor
Nucleare	Jedrsko
Particella	Delec
Relatività	Relativnost
Universale	Univerzalno
Velocità	Hitrost

Foresta Pluviale
Deževni Gozd

Anfibi	Dvoživke
Botanico	Botanični
Clima	Podnebje
Comunità	Skupnost
Diversità	Raznolikost
Giungla	Džungla
Indigeno	Avtohtona
Insetti	Žuželke
Mammiferi	Sesalci
Muschio	Mah
Natura	Narava
Nuvole	Oblaki
Preservazione	Ohranjanje
Prezioso	Vredno
Restauro	Obnova
Rifugio	Zatočišče
Rispetto	Spoštovanje
Sopravvivenza	Preživetje
Specie	Vrste
Uccelli	Ptice

Forme
Oblike

Angolo	Vogal
Arco	Lok
Bordi	Robovi
Cerchio	Krog
Cilindro	Valj
Cono	Stožec
Cubo	Kocka
Curva	Krivulja
Ellisse	Elipsa
Iperbole	Hiperbola
Lato	Stran
Linea	Črta
Ovale	Ovalna
Piramide	Piramida
Poligono	Poligon
Prisma	Prizmo
Quadrato	Kvadrat
Rettangolo	Pravokotnik
Sfera	Sfera
Triangolo	Trikotnik

Forniture Artistiche
Potrebščine za Umetnine

Acqua	Voda
Acquerelli	Akvarel
Acrilico	Akril
Argilla	Glina
Carbone	Oglje
Carta	Papir
Cavalletto	Stojalo
Colla	Lepilo
Colori	Barve
Creatività	Ustvarjalnost
Gomma	Radirka
Idee	Ideje
Inchiostro	Črnilo
Matite	Svinčniki
Olio	Olje
Pastelli	Pasteli
Sedia	Stol
Spazzole	Ščetke
Tavolo	Tabela
Telecamera	Fotoaparat

Forza e Gravità
Sila in Gravitacija

Asse	Os
Attrito	Trenje
Centro	Center
Dinamico	Dinamično
Distanza	Razdalja
Espansione	Širitev
Fisica	Fizika
Impatto	Vpliv
Magnetismo	Magnetizem
Meccanica	Mehanika
Movimento	Gibanje
Orbita	Orbita
Peso	Teža
Pianeti	Planeti
Pressione	Tlak
Proprietà	Lastnosti
Scoperta	Odkritje
Tempo	Čas
Universale	Univerzalno
Velocità	Hitrost

Frutta
Sadje

Albicocca	Marelica
Ananas	Ananas
Arancia	Oranžna
Avocado	Avokado
Bacca	Jagodičje
Banana	Banana
Ciliegia	Češnja
Kiwi	Kivi
Lampone	Malina
Limone	Limona
Mango	Mango
Mela	Jabolko
Melone	Melona
Mora	Robida
Nettarina	Nektarin
Papaia	Papaja
Pera	Hruška
Pesca	Breskev
Prugna	Sliva
Uva	Grozdje

Geografia
Geografija

Altitudine	Višina
Atlante	Atlas
Città	Mesto
Continente	Celina
Emisfero	Polobla
Equatore	Ekvator
Fiume	Reka
Isola	Otok
Mappa	Zemljevid
Mare	Morje
Meridiano	Poldnevnik
Mondo	Svet
Montagna	Gora
Nord	Sever
Oceano	Ocean
Ovest	Zahod
Paese	Država
Regione	Regija
Sud	Jug
Territorio	Ozemlje

Geologia
Geologija

Acido	Kislina
Altopiano	Plato
Calcio	Kalcij
Caverna	Votlina
Continente	Celina
Corallo	Korale
Cristalli	Kristali
Erosione	Erozija
Fossile	Fosil
Geyser	Gejzir
Lava	Lava
Minerali	Minerali
Pietra	Kamen
Quarzo	Kremen
Sale	Sol
Stalagmiti	Stalagmiti
Stalattite	Stalaktit
Strato	Plast
Terremoto	Potres
Vulcano	Vulkan

Geometria
Geometrija

Altezza	Višina
Angolo	Kot
Calcolo	Izračun
Cerchio	Krog
Curva	Krivulja
Diametro	Premer
Dimensione	Dimenzija
Equazione	Enačba
Logica	Logika
Mediano	Mediana
Numero	Številka
Orizzontale	Vodoravno
Parallelo	Vzporedno
Proporzione	Delež
Segmento	Segment
Simmetria	Simetrija
Superficie	Površina
Teoria	Teorija
Triangolo	Trikotnik
Verticale	Navpično

Giardinaggio
Vrtnarjenje

Acqua	Voda
Botanico	Botanični
Clima	Podnebje
Commestibile	Užitna
Compost	Kompost
Contenitore	Posoda
Esotico	Eksotično
Fiorire	Cvet
Floreale	Cvetni
Foglia	List
Fogliame	Listje
Frutteto	Sadovnjak
Mazzo	Šopek
Semi	Semena
Specie	Vrste
Sporco	Umazanija
Stagionale	Sezonsko
Suolo	Prst
Tubo	Cev
Umidità	Vlaga

Giardino
Vrt

Albero	Drevo
Amaca	Viseča Mreža
Cespuglio	Grm
Erba	Trava
Erbacce	Plevel
Fiore	Cvet
Frutteto	Sadovnjak
Garage	Garaža
Giardino	Vrt
Pala	Lopata
Panca	Klop
Portico	Veranda
Prato	Trata
Rastrello	Grablje
Recinto	Ograja
Stagno	Ribnik
Suolo	Prst
Terrazza	Terasa
Trampolino	Trampolin
Tubo	Cev

Giorni e Mesi
Dnevi in Meseci

Agosto	Avgust
Anno	Leto
Aprile	April
Calendario	Koledar
Dicembre	December
Domenica	Nedelja
Febbraio	Februar
Gennaio	Januar
Giugno	Junij
Luglio	Julij
Lunedì	Ponedeljek
Martedì	Torek
Mercoledì	Sreda
Mese	Mesec
Novembre	November
Ottobre	Oktober
Sabato	Sobota
Settembre	September
Settimana	Teden
Venerdì	Petek

Governo
Država

Capo	Vodja
Cittadinanza	Državljanstvo
Civile	Civilno
Costituzione	Ustava
Democrazia	Demokracija
Discorso	Govor
Discussione	Diskusija
Giudiziario	Sodni
Giustizia	Pravičnost
Indipendenza	Neodvisnost
Legale	Pravni
Legge	Pravo
Libertà	Svoboda
Monumento	Spomenik
Nazionale	Nacionalni
Nazione	Država
Politica	Politika
Quartiere	Okraj
Simbolo	Simbol
Uguaglianza	Enakost

Guida
Vožnja

Auto	Avto
Autobus	Avtobus
Carburante	Gorivo
Freni	Zavore
Garage	Garaža
Gas	Plin
Incidente	Nesreča
Licenza	Licenca
Mappa	Zemljevid
Moto	Motocikel
Motore	Motor
Pedonale	Pešec
Pericolo	Nevarnost
Polizia	Policija
Sicurezza	Varnost
Strada	Cesta
Traffico	Promet
Trasporto	Prevoz
Tunnel	Tunel
Velocità	Hitrost

I Media
Mediji

Commerciale	Komercialni
Comunicazione	Sporočilo
Digitale	Digitalno
Edizione	Izdaja
Educazione	Izobraževanje
Fatti	Dejstva
Finanziamento	Financiranje
Foto	Fotografije
Giornali	Časopisi
Individuale	Posameznik
Industria	Industrija
Intellettuale	Intelektualno
Locale	Lokalni
Online	Na Spletu
Opinione	Mnenje
Pubblicità	Oglasi
Pubblico	Javno
Radio	Radio
Rete	Omrežje
Televisione	Televizija

Imbarcazioni
Čolni

Albero	Jambor
Ancora	Sidro
Barca a Vela	Jadrnica
Boa	Boja
Canoa	Kanu
Corda	Vrv
Equipaggio	Posadka
Fiume	Reka
Kayak	Kajak
Lago	Jezero
Mare	Morje
Marea	Plima
Marinaio	Mornar
Motore	Motor
Nautico	Navtično
Oceano	Ocean
Onde	Valovi
Traghetto	Trajekt
Yacht	Jahta
Zattera	Splav

Ingegneria
Inženirstvo

Angolo	Kot
Asse	Os
Calcolo	Izračun
Costruzione	Gradnja
Diagramma	Diagram
Diametro	Premer
Diesel	Dizel
Distribuzione	Distribucija
Energia	Energija
Forza	Moč
Ingranaggi	Zobniki
Liquido	Tekočina
Macchina	Stroj
Misurazione	Meritev
Motore	Motor
Profondità	Globina
Propulsione	Pogon
Rotazione	Rotacija
Stabilità	Stabilnost
Struttura	Struktura

Insetti
Žuželke

Afide	Listna Uš
Ape	Čebela
Calabrone	Sršen
Cavalletta	Kobilica
Cicala	Škržat
Coccinella	Pikapolonica
Coleottero	Hrošč
Falena	Molj
Farfalla	Metulj
Formica	Mravlja
Larva	Ličinka
Libellula	Kačji Pastir
Mantide	Mantis
Moscerino	Gnat
Pulce	Bolha
Scarafaggio	Ščurek
Termite	Termit
Verme	Črv
Vespa	Osa
Zanzara	Komar

Jazz
Jazz

Album	Album
Applauso	Aplavz
Artista	Umetnik
Canzone	Pesem
Compositore	Skladatelj
Composizione	Sestava
Concerto	Koncert
Enfasi	Poudarek
Famoso	Slaven
Genere	Žanr
Improvvisazione	Improvizacija
Musica	Glasba
Nuovo	Novo
Orchestra	Orkester
Preferiti	Najljubši
Ritmo	Ritem
Stile	Slog
Talento	Talent
Tecnica	Tehnika
Vecchio	Star

L'Azienda
Podjetje

Italian	Slovenian
Creativo	Kreativno
Decisione	Odločitev
Globale	Globalno
Industria	Industrija
Innovativo	Inovativno
Investimento	Naložbe
Occupazione	Zaposlitev
Possibilità	Možnost
Presentazione	Predstavitev
Prodotto	Izdelek
Professionale	Strokovno
Progresso	Napredek
Qualità	Kakovost
Reddito	Prihodki
Reputazione	Ugled
Rischi	Tveganja
Risorse	Viri
Salari	Plače
Tendenze	Trendi
Unità	Enot

Letteratura
Literatura

Italian	Slovenian
Analisi	Analiza
Analogia	Analogija
Aneddoto	Anekdota
Autore	Avtor
Biografia	Biografija
Conclusione	Sklep
Confronto	Primerjava
Descrizione	Opis
Dialogo	Dialog
Genere	Žanr
Metafora	Metafora
Opinione	Mnenje
Poesia	Pesem
Poetico	Poetično
Rima	Rima
Ritmo	Ritem
Romanzo	Roman
Stile	Slog
Tema	Tema
Tragedia	Tragedija

Libri
Knjige

Italian	Slovenian
Autore	Avtor
Avventura	Pustolovščina
Collezione	Zbirka
Contesto	Kontekst
Dualità	Dvojnost
Epico	Epski
Immersione	Potopitev
Inventivo	Iznajdljiv
Letterario	Literarno
Lettore	Bralec
Pagina	Stran
Poesia	Pesem
Rilevante	Relevantno
Romanzo	Roman
Scritto	Pisno
Serie	Serija
Storia	Zgodba
Storico	Zgodovinski
Tragico	Tragično
Umoristico	Šaljiv

Mammiferi
Sesalci

Italian	Slovenian
Balena	Kit
Cane	Pes
Canguro	Kenguru
Cavallo	Konj
Cervo	Jelen
Coniglio	Zajec
Coyote	Kojot
Delfino	Delfin
Elefante	Slon
Gatto	Mačka
Giraffa	Žirafa
Gorilla	Gorila
Leone	Lev
Lupo	Volk
Orso	Medved
Pecora	Ovce
Scimmia	Opica
Toro	Bik
Volpe	Lisica
Zebra	Zebra

Matematica
Matematika

Italian	Slovenian
Angoli	Koti
Aritmetica	Aritmetika
Circonferenza	Obod
Decimale	Decimalno
Diametro	Premer
Equazione	Enačba
Esponente	Eksponent
Frazione	Ulomek
Geometria	Geometrija
Parallelo	Vzporedno
Parallelogramma	Paralelogram
Perimetro	Obseg
Perpendicolare	Pravokotno
Poligono	Poligon
Quadrato	Kvadrat
Raggio	Polmer
Rettangolo	Pravokotnik
Simmetria	Simetrija
Somma	Vsota
Triangolo	Trikotnik

Meditazione
Meditacija.

Accettazione	Sprejem
Attenzione	Pozornost
Calma	Miren
Chiarezza	Jasnost
Compassione	Sočutje
Emozioni	Čustva
Gentilezza	Prijaznost
Gratitudine	Hvaležnost
Mentale	Duševno
Mente	Um
Movimento	Gibanje
Musica	Glasba
Natura	Narava
Osservazione	Opazovanje
Pace	Mir
Pensieri	Misli
Postura	Drža
Prospettiva	Perspektiva
Respirazione	Dihanje
Silenzio	Tišina

Meteo
Vreme

Arcobaleno	Mavrica
Asciutto	Suha
Atmosfera	Atmosfera
Brezza	Vetrič
Cielo	Nebo
Clima	Podnebje
Fulmine	Strele
Ghiaccio	Led
Monsone	Monsun
Nebbia	Megla
Nube	Oblak
Polare	Polarni
Siccità	Suša
Temperatura	Temperatura
Tempesta	Nevihta
Tornado	Tornado
Tropicale	Tropski
Tuono	Grom
Uragano	Orkan
Vento	Veter

Mitologia
Mitologija

Archetipo	Arhetip
Comportamento	Vedenje
Creatura	Bitje
Creazione	Ustvarjanje
Cultura	Kultura
Disastro	Katastrofa
Divinità	Božanstva
Eroe	Junak
Forza	Moč
Fulmine	Strele
Gelosia	Ljubosumje
Guerriero	Bojevnik
Immortalità	Nesmrtnost
Labirinto	Labirint
Leggenda	Legenda
Magico	Čarobno
Mortale	Smrtni
Mostro	Pošast
Tuono	Grom
Vendetta	Maščevanje

Musica
Glasba

Album	Album
Armonia	Harmonija
Armonico	Harmonično
Ballata	Balada
Cantante	Pevec
Cantare	Peti
Classico	Klasična
Coro	Refren
Lirico	Lirično
Melodia	Melodija
Microfono	Mikrofon
Musicale	Glasbeni
Musicista	Glasbenik
Opera	Opera
Poetico	Poetično
Registrazione	Snemanje
Ritmico	Ritmičen
Ritmo	Ritem
Strumento	Instrument
Tempo	Tempo

Numeri
Številke

Cinque	Pet
Decimale	Decimalno
Diciannove	Devetnajst
Diciassette	Sedemnajst
Diciotto	Osemnajst
Dieci	Deset
Dodici	Dvanajst
Due	Dva
Nove	Devet
Otto	Osem
Quattordici	Štirinajst
Quattro	Štiri
Quindici	Petnajst
Sedici	Šestnajst
Sei	Šest
Sette	Sedem
Tre	Tri
Tredici	Trinajst
Venti	Dvajset
Zero	Nič

Nutrizione
Prehrana

Amaro	Grenko
Appetito	Apetit
Bilanciato	Uravnoteženo
Calorie	Kalorij
Commestibile	Užitna
Dieta	Dieta
Digestione	Prebava
Fermentazione	Fermentacija
Gusto	Okus
Liquidi	Tekočine
Nutriente	Hranilo
Peso	Teža
Proteine	Beljakovine
Qualità	Kakovost
Salsa	Omaka
Salute	Zdravje
Sano	Zdrav
Spezie	Začimbe
Tossina	Toksin
Vitamina	Vitamin

Oceano
Ocean

Anguilla	Jegulja
Balena	Kit
Barca	Čoln
Corallo	Korale
Delfino	Delfin
Gamberetto	Kozica
Granchio	Rak
Maree	Plimovanje
Medusa	Meduze
Onde	Valovi
Ostrica	Ostrige
Pesce	Ribe
Polpo	Hobotnica
Sale	Sol
Scogliera	Greben
Spugna	Goba
Squalo	Morski Pes
Tartaruga	Želva
Tempesta	Nevihta
Tonno	Tuna

Paesaggi
Pokrajine

Cascata	Slap
Collina	Hrib
Deserto	Puščava
Fiume	Reka
Geyser	Gejzir
Ghiacciaio	Ledenik
Grotta	Jama
Iceberg	Ledena Gora
Isola	Otok
Lago	Jezero
Mare	Morje
Montagna	Gora
Oasi	Oaza
Oceano	Ocean
Palude	Močvirje
Penisola	Polotok
Spiaggia	Plaža
Tundra	Tundra
Valle	Dolina
Vulcano	Vulkan

Paesi #1
Države #1

Brasile	Brazilija
Cambogia	Kambodža
Canada	Kanada
Egitto	Egipt
Finlandia	Finska
Germania	Nemčija
India	Indija
Iraq	Irak
Israele	Izrael
Libia	Libija
Mali	Mali
Marocco	Maroko
Norvegia	Norveška
Panama	Panama
Polonia	Poljska
Romania	Romunija
Senegal	Senegal
Spagna	Španija
Venezuela	Venezuela
Vietnam	Vietnam

Paesi #2
Države #2

Albania	Albanija
Danimarca	Danska
Etiopia	Etiopija
Giamaica	Jamajka
Giappone	Japonska
Grecia	Grčija
Haiti	Haiti
Indonesia	Indonezija
Irlanda	Irska
Laos	Laos
Liberia	Liberija
Messico	Mehika
Nepal	Nepal
Nigeria	Nigerija
Pakistan	Pakistan
Russia	Rusija
Siria	Sirija
Sudan	Sudan
Ucraina	Ukrajina
Uganda	Uganda

Piante
Rastline

Albero	Drevo
Bacca	Jagodičje
Bambù	Bambus
Botanica	Botanika
Cactus	Kaktus
Cespuglio	Grm
Crescere	Rasti
Edera	Bršljan
Erba	Trava
Fagiolo	Fižol
Fertilizzante	Gnojilo
Fiore	Cvet
Flora	Flora
Fogliame	Listje
Foresta	Gozd
Giardino	Vrt
Muschio	Mah
Petalo	Cvetni List
Radice	Koren
Vegetazione	Vegetacija

Professioni #1
Poklici #1

Allenatore	Trener
Ambasciatore	Ambasador
Artista	Umetnik
Astronomo	Astronom
Avvocato	Odvetnik
Ballerino	Plesalka
Banchiere	Bankir
Cacciatore	Lovec
Cartografo	Kartograf
Editore	Urednik
Farmacista	Farmacevt
Geologo	Geolog
Gioielliere	Zlatar
Idraulico	Vodovodar
Marinaio	Mornar
Musicista	Glasbenik
Pianista	Pianist
Psicologo	Psiholog
Scienziato	Znanstvenik
Veterinario	Veterinar

Professioni #2
Poklici #2

Astronauta	Astronavt
Bibliotecario	Knjižničar
Biologo	Biolog
Chirurgo	Kirurg
Dentista	Zobozdravnik
Detective	Detektiv
Filosofo	Filozof
Fotografo	Fotograf
Giardiniere	Vrtnar
Giornalista	Novinar
Illustratore	Ilustrator
Ingegnere	Inženir
Insegnante	Učitelj
Inventore	Izumitelj
Linguista	Jezikoslovec
Medico	Zdravnik
Pilota	Pilot
Pittore	Slikar
Ricercatore	Raziskovalec
Zoologo	Zoolog

Psicologia
Psihologija

Italian	Slovenian
Appuntamento	Imenovanje
Clinico	Klinični
Comportamento	Vedenje
Conflitto	Konflikt
Ego	Ego
Emozioni	Čustva
Esperienze	Izkušnje
Idee	Ideje
Inconscio	Nezavesten
Infanzia	Otroštvo
Influenze	Vplivi
Pensieri	Misli
Percezione	Percepcija
Personalità	Osebnost
Problema	Problem
Realtà	Resničnost
Sensazione	Občutek
Subconscio	Podzavest
Terapia	Terapija
Valutazione	Ocena

Ristorante #1
Restavracija #1

Italian	Slovenian
Allergia	Alergija
Caffè	Kava
Cameriera	Natakarica
Carne	Meso
Cassiere	Blagajnik
Cibo	Hrana
Ciotola	Skleda
Coltello	Nož
Cucina	Kuhinja
Dessert	Sladica
Ingredienti	Sestavine
Mangiare	Jesti
Menù	Meni
Pane	Kruh
Piatto	Plošča
Piccante	Začinjen
Pollo	Piščanec
Prenotazione	Rezervacija
Salsa	Omaka
Tovagliolo	Prtiček

Ristorante #2
Restavracija #2

Italian	Slovenian
Acqua	Voda
Aperitivo	Predjed
Bevanda	Pijača
Cameriere	Natakar
Cena	Večerja
Cucchiaio	Žlica
Delizioso	Odlično
Forchetta	Vilice
Frutta	Sadje
Ghiaccio	Led
Insalata	Solata
Minestra	Juha
Pesce	Ribe
Pranzo	Kosilo
Sale	Sol
Sedia	Stol
Spezie	Začimbe
Torta	Torta
Uova	Jajca
Verdure	Zelenjava

Salute e Benessere #1
Zdravje in Dobro Počutje

Italian	Slovenian
Abitudine	Navada
Altezza	Višina
Attivo	Aktivno
Batteri	Bakterije
Clinica	Klinika
Fame	Lakota
Farmacia	Lekarna
Frattura	Zlom
Medicina	Zdravilo
Medico	Zdravnik
Muscoli	Mišice
Nervi	Živci
Ormoni	Hormoni
Pelle	Koža
Postura	Drža
Riflesso	Refleks
Rilassamento	Sprostitev
Terapia	Terapija
Trattamento	Zdravljenje
Virus	Virus

Salute e Benessere #2
Zdravje in Dobro Počutje

Italian	Slovenian
Allergia	Alergija
Anatomia	Anatomija
Appetito	Apetit
Caloria	Kalorij
Corpo	Telo
Dieta	Dieta
Digestione	Prebava
Disidratazione	Dehidracija
Energia	Energija
Genetica	Genetika
Igiene	Higiena
Infezione	Okužba
Malattia	Bolezen
Massaggio	Masaža
Nutrizione	Prehrana
Ospedale	Bolnišnica
Peso	Teža
Sangue	Kri
Sano	Zdrav
Vitamina	Vitamin

Scienza
Znanost

Atomo	Atom
Chimico	Kemikalija
Clima	Podnebje
Dati	Podatki
Esperimento	Poskus
Evoluzione	Evolucija
Fatto	Dejstvo
Fisica	Fizika
Fossile	Fosil
Gravità	Gravitacija
Ipotesi	Hipoteza
Laboratorio	Laboratorij
Metodo	Metoda
Minerali	Minerali
Molecole	Molekule
Natura	Narava
Organismo	Organizem
Osservazione	Opazovanje
Particelle	Delci
Scienziato	Znanstvenik

Spezie
Začimbe

Acido	Kislo
Aglio	Česen
Amaro	Grenko
Anice	Janež
Cannella	Cimet
Cardamomo	Kardamom
Cipolla	Čebula
Coriandolo	Koriander
Cumino	Kumina
Curcuma	Kurkuma
Curry	Curry
Dolce	Sladko
Finocchio	Koromač
Gusto	Okus
Paprika	Paprika
Pepe	Poper
Sale	Sol
Vaniglia	Vanilija
Zafferano	Žafran
Zenzero	Ingver

Strumenti Musicali
Glasbila

Armonica	Orglice
Arpa	Harfa
Banjo	Banjo
Chitarra	Kitara
Clarinetto	Klarinet
Fagotto	Fagot
Flauto	Flavta
Gong	Gong
Mandolino	Mandolina
Marimba	Marimba
Oboe	Oboa
Percussione	Tolkala
Pianoforte	Klavir
Sassofono	Saksofon
Tamburello	Tamburin
Tamburo	Boben
Tromba	Trobenta
Trombone	Trombon
Violino	Violina
Violoncello	Violončelo

Tempo
Čas

Anno	Leto
Annuale	Letni
Calendario	Koledar
Decennio	Desetletje
Dopo	Po
Futuro	Prihodnost
Giorno	Dan
Ieri	Včeraj
Mattina	Jutro
Mese	Mesec
Mezzogiorno	Opoldne
Minuto	Minuta
Momento	Trenutek
Notte	Noč
Oggi	Danes
Orologio	Ura
Presto	Kmalu
Prima	Pred
Secolo	Stoletje
Settimana	Teden

Tipi di Capelli
Vrste Las

Argento	Srebro
Asciutto	Suha
Bianco	Bela
Biondo	Blond
Breve	Kratek
Calvo	Plešast
Grigio	Siva
Intrecciato	Pleteno
Liscio	Gladko
Lungo	Dolga
Marrone	Rjav
Morbido	Mehko
Nero	Črna
Ondulato	Valovita
Riccio	Kodrasti
Riccioli	Kodri
Sano	Zdrav
Sottile	Tanek
Spessore	Debel
Trecce	Kite

Uccelli
Ptice

Airone	Čaplja
Anatra	Raca
Aquila	Orel
Cicogna	Štorklja
Cigno	Labod
Cuculo	Kukavica
Falco	Sokol
Fenicottero	Flamingo
Gabbiano	Galeb
Oca	Gos
Pappagallo	Papiga
Passero	Vrabec
Pavone	Pav
Pellicano	Pelikan
Piccione	Golob
Pinguino	Pingvin
Pollo	Piščanec
Struzzo	Noj
Tucano	Tukan
Uovo	Jajce

Vacanze #2
Počitniški #2

Aeroporto	Letališče
Campeggio	Kampiranje
Destinazione	Cilj
Foto	Fotografije
Hotel	Hotel
Isola	Otok
Mappa	Zemljevid
Mare	Morje
Passaporto	Potni List
Ristorante	Restavracija
Spiaggia	Plaža
Straniero	Tujec
Taxi	Taksi
Tempo Libero	Prosti Čas
Tenda	Šotor
Trasporto	Prevoz
Treno	Vlak
Vacanza	Počitnice
Viaggio	Potovanje
Visto	Vizum

Veicoli
Vozila

Aereo	Letalo
Ambulanza	Ambulanta
Auto	Avto
Autobus	Avtobus
Barca	Čoln
Bicicletta	Kolo
Camion	Tovornjak
Caravan	Karavana
Elicottero	Helikopter
Furgone	Van
Motore	Motor
Pneumatici	Pnevmatike
Razzo	Raketa
Scooter	Skuter
Sottomarino	Podmornica
Taxi	Taksi
Traghetto	Trajekt
Trattore	Traktor
Treno	Vlak
Zattera	Splav

Verdure
Zelenjava

Aglio	Česen
Broccolo	Brokoli
Carciofo	Artičoka
Carota	Korenje
Cetriolo	Kumara
Cipolla	Čebula
Fungo	Goba
Insalata	Solata
Melanzana	Jajčevec
Patata	Krompir
Pisello	Grah
Pomodoro	Paradižnik
Prezzemolo	Peteršilj
Rapa	Repa
Ravanello	Redkev
Scalogno	Šalotka
Sedano	Zelena
Spinaci	Špinača
Zenzero	Ingver
Zucca	Buče

Vestiti
Oblačila

Abito	Obleka
Braccialetto	Zapestnica
Camicetta	Bluza
Camicia	Srajca
Cappello	Klobuk
Cappotto	Plašč
Cintura	Pas
Collana	Ogrlica
Giacca	Jakna
Gonna	Krilo
Grembiule	Predpasnik
Guanti	Rokavice
Jeans	Kavbojke
Maglione	Pulover
Moda	Moda
Pantaloni	Hlače
Pigiama	Pižame
Sandali	Sandali
Scarpa	Čevelj
Sciarpa	Šal

Congratulazioni

Ce l'hai fatta!

Speriamo che questo libro vi sia piaciuto tanto quanto a noi è piaciuto concepirlo. Ci sforziamo di creare libri della più alta qualità possibile.
Questa edizione è progettata per fornire un apprendimento intelligente, di qualità e divertente!

Le è piaciuto questo libro?

Una Semplice Richiesta

Questi libri esistono grazie alle recensioni che pubblicate.

Puoi aiutarci lasciando una recensione
ora a questo link ?

BestBooksActivity.com/Recensioni50

SFIDA FINALE!

Sfida n°1

Sei pronto per il tuo gioco gratuito? Li usiamo sempre, ma non sono così facili da trovare - ecco i Sinonimi!
Scrivi 5 parole che hai trovato nei puzzle (n° 21, n° 36, n° 76) e prova a trovare 2 sinonimi per ogni parola.

Scrivi 5 parole del Puzzle 21

Parole	Sinonimo 1	Sinonimo 2

Scrivi 5 parole del Puzzle 36

Parole	Sinonimo 1	Sinonimo 2

Scrivi 5 parole del Puzzle 76

Parole	Sinonimo 1	Sinonimo 2

Sfida n°2

Ora che ti sei riscaldato, scrivi 5 parole che hai trovato nei puzzle n° 9, n° 17 e n° 25 e cerca di trovare 2 contrari per ogni parola. Quanti ne puoi trovare in 20 minuti?

Scrivi 5 parole del **Puzzle 9**

Parole	Antonimo 1	Antonimo 2

Scrivi 5 parole del **Puzzle 17**

Parole	Antonimo 1	Antonimo 2

Scrivi 5 parole del **Puzzle 25**

Parole	Antonimo 1	Antonimo 2

Sfida n°3

Grande! Questa sfida  non è niente per te!

Pronto per la sfida finale? Scegli 10 parole che hai scoperto nei diversi puzzle e scrivile qui sotto.

1.	6.
2.	7.
3.	8.
4.	9.
5.	10.

Ora scrivi un testo pensando a una persona, un animale o un luogo che ti piace.

Puoi usare l'ultima pagina di questo libro come bozza.

La tua composizione:

_____

_____

_____

_____

_____

_____

_____

_____

TACCUINO:

A PRESTO!

Tutta la Squadra

SCOPRIRE GIOCHI GRATIS

GO

↓

BESTACTIVITYBOOKS.COM/FREEGAMES